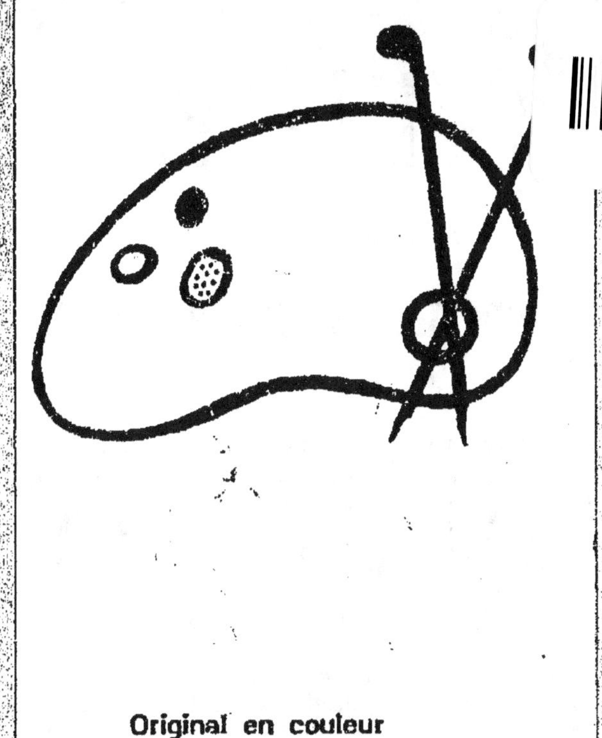

Original en couleur

NF Z 43-120-8

NOTICE

SUR

LA VIE ET LES TRAVAUX

DE

M. L. DESCHAMPS DE PAS

CORRESPONDANT DE L'INSTITUT

Membre non résidant du Comité des travaux historiques et scientifiques, Associé correspondant national de la Société des Antiquaires de France, Inspecteur divisionnaire de la Société française d'archéologie, Membre correspondant de la Société de numismatique française, Secrétaire perpétuel de la Société des Antiquaires de la Morinie, Correspondant de l'Académie espagnole d'archéologie de Madrid, Membre honoraire de l'Institut héraldique et archéologique d'Edimbourg, Membre honoraire de la Société royale de numismatique belge et d'un grand nombre d'autres Sociétés savantes,

PAR M. PAGART D'HERMANSART

Secrétaire général de la Société des Antiquaires de la Morinie
et membre de diverses Sociétés savantes françaises
et étrangères.

SAINT-OMER

IMPRIMERIE ET LITHOGRAPHIE H. D'HOMONT

RUE DES CLOUTERIES, 14

1890

(4)

Couverture inférieure manquante

NOTICE

SUR

LA VIE & LES TRAVAUX

DE

M. L. DESCHAMPS DE PAS

Extrait du tome XXII des Mémoires de la Société des Antiquaires de la Morinie.

NOTICE

SUR

LA VIE ET LES TRAVAUX

DE

M. L. DESCHAMPS DE PAS

CORRESPONDANT DE L'INSTITUT

Membre non résidant du Comité des travaux historiques et scientifiques, Associé correspondant national de la Société des Antiquaires de France, Inspecteur divisionnaire de la Société française d'archéologie, Membre correspondant de la Société de numismatique française, Secrétaire perpétuel de la Société des Antiquaires de la Morinie, Correspondant de l'Académie espagnole d'archéologie de Madrid, Membre honoraire de l'Institut héraldique et archéologique d'Edimbourg, Membre honoraire de la Société royale de numismatique belge et d'un grand nombre d'autres Sociétés savantes,

PAR M. PAGART D'HERMANSART

Secrétaire général de la Société des Antiquaires de la Morinie et membre de diverses Sociétés savantes françaises et étrangéres.

SAINT-OMER

IMPRIMERIE ET LITHOGRAPHIE H. D'HOMONT

RUE DES CLOUTERIES, 14

1890

Messieurs [1],

La Société des Antiquaires de la Morinie compte actuellement cinquante-neuf années d'existence. Dans ce long espace de temps, elle n'a eu que trois secrétaires généraux, tous hommes de mérite et de travail. Des notices biographiques ont été consacrées dans vos mémoires aux deux premiers : MM. de Givenchy et de Laplane : et conformément à ce pieux et touchant usage, vous avez décidé qu'un semblable travail serait fait pour M. Deschamps de Pas, qui nous a été enlevé à son tour, et qui fut le plus éminent peut-être, à coup sûr le plus laborieux d'entre eux. Vous m'avez désigné pour rendre un juste hommage à la mémoire d'un homme qui a rendu tant de services à votre compagnie. Certes, si cette mission est importante et honorable, je ne m'en dissimule pas les difficultés ; il me faudra parler convenablement de ces travaux si variés qui embrassent presque toutes les branches de l'archéologie : la numismatique et la sigillographie où il fut un maître, l'orfèvrerie reli-

[1] Cette notice a été lue à la séance tenue par la Société des Antiquaires de la Morinie le 28 juin 1890.

gieuse, l'iconographie, la liturgie, la paléographie, l'héraldique, et l'histoire qui, sous sa plume, comprend particulièrement les institutions religieuses et hospitalières, le commerce et divers récits militaires. Aucun contemporain n'est là non plus pour me renseigner sur ses jeunes années, me fournir quelques souvenirs, quelques traits propres à éclairer le caractère même du savant et de l'homme de bien que nous regrettons tous. Plus jeune que lui de près de 25 ans, mon amitié empruntait à cette différence d'âge une certaine déférence, mélangée de sentiments de reconnaissance pour les conseils bienveillants que je savais toujours trouver auprès de lui. Si cette amitié cependant me fait un devoir d'accepter la lourde tâche que vous m'avez imposée, je m'efforcerai, du moins, en écrivant ces pages, d'emprunter la plus grande partie de mes appréciations aux critiques les plus autorisés, de manière à ne pas exagérer inconsciemment l'éloge, ni atténuer le blâme.

I

Origine et carrière administrative de M. L. Deschamps de Pas. — Sa carrière et ses titres scientifiques.

M. Louis-François-Joseph Deschamps de Pas, né le 25 juin 1816 à Saint-Omer, appartenait à une vieille famille de nos pays anoblie en 1425, dont la résidence fut successivement Aire et Saint-Omer, et qui justifiait son élévation en perpétuant dans le clergé, l'administration royale, la magistrature, les fonctions municipales, la tradition des services qui l'avaient portée à un rang distingué. Le goût pour l'érudition qu'avaient particulièrement manifesté plusieurs de ses ancêtres se développa de bonne heure chez M. Louis Deschamps de Pas. Le 1er novembre 1836, il entrait à l'école polytechnique avec le n° 26 sur 1200 aspirants, et il était admis le 20 novembre 1838 à l'école royale des ponts et chaussées. Pendant les deux années où il y fut attaché, il fut envoyé en mission successivement à Marseille et à Dieppe, puis il fut nommé en 1840 élève ingénieur de 1re classe à la résidence de Glomel (Côtes du Nord), en 1841 aspirant ingénieur, et le 22 août 1843 ingénieur de deuxième classe. Il chercha alors à se rapprocher de son pays natal ; le 12 août 1846 il obtint la résidence d'Amiens, et enfin, le 1er octobre 1847, celle de Saint-Omer.

Je n'ai point ici à apprécier l'ingénieur, mais bien le savant, qui, admis comme membre correspondant à l'origine de la création de votre Société, donnait à l'âge de 17 ans, trois ans avant d'entrer à l'Ecole polytechnique, une notice *sur deux médailles d'argent de Conan IV, duc de Bretagne*, qui parut dans vos mémoires (t. I. p. 218, année 1833.) C'est ainsi que votre compagnie a accueilli ses débuts en numismatique, devinant dans ce jeune homme laborieux et déjà curieux observateur, un futur maître dans cette science spéciale. Puisse se perpétuer parmi nous cette tradition de faire bon accueil aux jeunes gens et de les encourager !

Bientôt la *Revue numismatique française*, fondée en 1836, lui est ouverte ; il y écrit successivement, en 1838 et 1839, divers articles sur l'histoire monétaire de Boulogne-sur-Mer, et sur quelques monnaies des empereurs de la race carolingienne frappées en Italie. Ces premiers travaux attirent sur lui l'attention, et en 1839, il est honoré du titre d'associé correspondant national des Antiquaires de France. En 1840, il décrit des monnaies de Hainaut, en 1843, quelques monnaies inédites de Cambrai. Pendant son court séjour à Amiens, il se fait apprécier des savants de cette ville, et il est nommé (1847) membre titulaire non résidant de la Société des Antiquaires de Picardie, dont vous connaissez l'importance.

Cependant le Comité des travaux historiques fondé en 1834 par M. Guizot, avait été réorganisé en 1837 et 1840, et le ministre de l'instruction publique cherchait des personnes, habitant les départements, déjà connues par leurs travaux sur l'histoire nationale, pour les associer à son œuvre, en leur donnant le titre de correspondant. C'est ainsi que Louis Deschamps de Pas fut nommé le 4 juillet 1848 correspondant du ministère de l'instruction publique, situation qu'il conserva toujours, malgré les modifications que subirent les Comités dans leur organisation, jusqu'au dernier de ces changements, en vertu duquel il reçut le 31 mai 1884 le titre de membre non résidant du Comité des travaux historiques et scientifiques.

En 1850, il paie de sa dette de reconnaissance aux *Antiquaires de France* en publiant dans leurs mémoires (nouvelle série t. XV.) une *Notice sur quelques monuments de l'ancienne province de Bretagne.* C'est en faisant des tournées pour les travaux du canal de Nantes à Brest qu'il étudia ces monuments, se trouvant dans une petite zone située à la limite des départements des Côtes du Nord et du Morbihan. Ce sont des aiguilles, menhir et dolmens, des églises, chapelles, restes de château. Cette étude, où la numismatique a sa part, commence aussi à révéler l'archéogue.

En effet l'archéologie l'attache à son tour, et il devient en 1850 un des principaux collaborateurs des *Annales archéologiques* de Didron. Il n'oublie pas Saint-Omer, et donne dans vos mémoires, de 1837 à 1851, cinq articles d'archéologie locale, qui lui valent le titre de membre correspondant de la commission départementale des monuments historiques.

Par son mariage contracté à Lille en novembre 1852 avec Mlle Macquart, M. Deschamps de Pas entrait dans une famille où la science et le travail étaient en honneur. Son beau-père, M. Justin Macquart, éminent entomologiste, dont une des rues de Lille porte le nom, faisait partie, depuis l'an XI, de la Société des sciences, agriculture et arts de cette ville [1], et M. de Linas, dont les premiers travaux faisaient déjà pressentir la réputation qu'il a acquise depuis, devenait son beau-frère.

Dès lors, notre collègue se fixe à St-Omer où il obtient de faire toute sa carrière administrative, il y devient en 1855 ingénieur de première classe, et s'il n'est pas nommé plus tard ingénieur en chef, c'est qu'il refuse de quitter une ville où tant de liens de famille et intellectuels le retiennent ; la croix de chevalier de la Légion d'honneur vient, en 1865, récompenser ses longs services, et lorsqu'en 1872, il demande sa retraite, il obtient du moins le titre d'ingénieur en chef honoraire.

Ses occupations administratives ne l'empêchent

---

[1] M. Macquart Pierre-Justin-Marie est mort à Lille le 25 novembre 1855. Voir le détail de ses travaux dans la *Table générale de la 1re série des Mémoires de la Société des sciences de Lille* (1856 p. 67-68) ; et le discours prononcé sur sa tombe par le Président de cette Société. (Mémoires 1856, 2e série 3me vol. p. 469-470).

point de continuer à se livrer à ses travaux de savant ;
et pendant plus de trente ans, tous les soirs, sauf ceux
qu'il consacrait aux réunions de famille et aux obliga-
tions sociales, on put voir, en toute saison, la lampe
de l'infatigable travailleur éclairant jusqu'à une heure
avancée de la nuit, l'une des fenêtres de son cabinet
de travail au coin de la rue du Centre et de la
rue du Commandant.

La maturité de son esprit, la pleine possession de
son talent lui permettent alors d'élaborer des œuvres
plus importantes, et les sociétés savantes voisines, de
Dunkerque, d'Arras, de Lille, le Comité flamand,
comme d'autres à l'étranger, à Madrid, à Edimbourg,
tiennent à se l'attacher comme membre corespon-
dant. Il continue sa collaboration aux *Annales archéologiques,* la rend à la *Revue de numismatique
française,* devient en 1857 associé étranger, puis en
1866 membre honoraire de la *Société royale numismatique belge,* où il fait paraître onze travaux de
1857 à 1873.

Des distinctions diverses viennent aussi récompenser ses consciencieux travaux. Les *Sceaux des comtes
d'Artois* lui valent, en 1858, la huitième mention
très honorable au Concours des Antiquités de la
France (Académie des inscriptions et belles lettres) ;
avec sa belle *Histoire sigillaire de St-Omer,* il obtient
la seconde en 1862. A la suite de la réunion des sociétés savantes à la Sorbonne, le 2 avril 1869, il est
fait officier d'Académie ; le 8 décembre 1871, il obtient le titre si recherché de membre correspondant
de l'Institut, et, le 8 avril 1874, il est fait officier de
l'Instruction publique.

Pendant cette période, il collabore au *Bulletin des
divers comités historiques* du ministère, à la *Revue des*

Sociétés savantes, aux *Annales archéologiques,* à la *Revue de l'art chrétien,* à la *Statistique monumentale,* et aux *Antiquités du département du Pas-de-Calais;* il écrit dans les *Mémoires de la Société des Antiquaires de Picardie,* les *Annales du Comité flamand,* les *Mémoires de l'Académie d'Arras,* donne divers articles à vos *Mémoires,* une quantité de notices à vos *Bulletins,* et comme s'il craignait que son activité parût trop débordante, il publie encore diverses brochures sous le pseudonyme du *Bibliophile artésien.*

En 1873, vous l'honorez du titre de secrétaire général, et sa collaboration devient plus active encore. En 1877, il publie sous votre patronage son beau travail sur les *Etablissements hospitaliers de Saint-Omer;* et en 1880 son *Histoire de la ville de St-Omer jusqu'en* 1870, parut, avec celle de ses deux cantons, dans le Dictionnaire historique du département. Il travaille aussi dans le *Bulletin archéologique des comités historiques et scientifiques,* qui a remplacé la *Revue des Sociétés savantes,* et quelques jours avant sa mort il a la dernière satisfaction de voir les Antiquaires de France imprimer sa *Description de quelques sceaux-matrices relatifs à l'Artois et à la Picardie.* Il vous laisse enfin un ouvrage assez considérable en cours d'impression : l'*Epigraphie de St-Omer,* car ce travailleur jamais lassé est tombé sur la brèche ! De sorte que, si à dix-sept ans il vous a donné les prémices de sa belle intelligence, il vous laisse à terminer l'impression du dernier de ses travaux.

C'est là une belle carrière scientifique assurément, mais pour en juger l'importance il faut entrer dans l'examen des principales œuvres de M. Deschamps de Pas. Afin de le rendre plus facile, nous étudierons d'abord les travaux relatifs à la numismatique et à la sigillographie, puis ceux qui ont pour objet l'archéologie et l'histoire ; nous ne nous astreindrons pas d'une manière absolue à l'ordre chronologique que nous venons de rappeler suffisamment, nous chercherons plutôt, en groupant les œuvres de même nature, à montrer l'ensemble des travaux du savant sur les diverses matières qu'il a traitées.

II

Travaux relatifs à la numismatique, la sigillographie et l'épigraphie

NUMISMATIQUE

M. Deschamps de Pas manifesta de très bonne heure son goût pour la numismatique. A 17 ans, il commençait une collection de médailles et de monnaies, qu'il a continuée jusqu'à sa mort. A cette époque, il y avait à Saint-Omer un homme qui restaurait l'étude de la numismatique au moyen âge, et qui commença, en 1835, à publier ses travaux spéciaux, qui ont ouvert la voie à d'autres érudits : C'était M. Alexandre Hermant. Ce fut lui qui dirigea « dans » les sentiers ardus de la science »[1] les premiers pas de son jeune ami, qui devait être plus tard son continuateur. D'autre part, M. Adolphe Dewismes réunissait à St-Omer une collection des plus complètes et des plus remarquables, au point de vue de la numis-

---

[1] *Notice biographique sur Alexandre Hermant, par L. Deschamps de Pas,* p. 1.

matique de Flandre et d'Artois ; elle ne fut dispersée qu'après sa mort en 1873, et fut, jusque-là, un champ toujours ouvert à l'activité de votre collègue, elle lui permit d'entreprendre une série d'études sur les monnaies flamandes et artésiennes [1]. L'influence de ces deux hommes sur M. Deschamps de Pas est incontestable ; et si l'on ajoute qu'il eut jusqu'en 1870, à sa disposition, le crayon si exact et si fin de son frère pour reproduire monnaies, médailles, sceaux, etc., on comprendra comment la meilleure part de ses travaux fut consacrée à la numismatique et à la sigillographie.

Histoire monétaire des comtes de Flandre. — Après un essai de peu d'étendue dans vos Mémoires en 1833, et quelques ouvrages de moindre importance publiés de 1838 à 1859, notamment sur l'histoire monétaire de Boulogne qu'il devait reprendre plus tard, il publia, en 1861 et 1863, dans la *Revue de numismatique française,* une première série d'études qu'il intitula : *Essai sur l'histoire monétaire des comtes de Flandre de la maison de Bourgogne et description de leurs monnaies d'or et d'argent.* La série des monnaies des comtes de Flandre s'étend du xie siècle jusqu'à la fin du xviiie ; elle était pour ainsi dire inconnue, car les recueils des van Alkemade, des de Boze et autres, ainsi que les dessins informes publiés à la suite des placards sur les monnaies édictés par les souverains espagnols, étaient loin d'en donner une

---

[1] *Adolphe Dewismes,* par L. Deschamps de Pas *(Revue de la numismatique belge,* 5e série t. v) et *catalogue descriptif et raisonné des émaux, ivoires, monnaies, médailles,* etc., *composant la collection de feu M. Ad. Dewismes,* par le même. — St-Omer, Fleury-Lemaire, 1875.

idée suffisante, M. Gaillard en avait commencé une monographie, mais son ouvrage, que la mort avait interrompu, s'arrêtait à Louis de Mâle. M. Deschamps de Pas reprit l'histoire des monnaies flamandes au point où l'avait laissée M. Gaillard, et il commença à Philippe-le-Hardi, en 1384. Les dessins qu'il reproduisit avaient été pris sur des pièces originales existant presque toutes dans la riche collection de M. Dewismes ; quant aux documents dont il fit usage, il les emprunta aux archives de la Chambre des comptes de Lille. En 140 pages, outre LVI consacrées aux pièces justificatives, il décrivit les monnaies de Philippe-le-Hardi, Jean-sans-Péur, Philippe-le-Bon, Charles-le-Téméraire, Marie de Bourgogne, pour une période qui s'étend de 1384 à 1481, et donna dix planches reproduisant 78 pièces.

Dans ce travail, il n'avait pas cru devoir comprendre les monnaies noires frappées sous ces différents princes, parce que M. Rouyer avait publié, de 1847 à 1849, dans la *Revue numismatique,* une savante monographie sur les pièces de cette espèce. On lui avait reproché cette détermination[1], rien ne justifiait cette séparation par métaux, les mêmes ordonnances qui réglaient l'émission des pièces d'or et d'argent décrétant également celle des monnaies de billon noir. Aussi, comme le recueil de M. Rouyer, ainsi que la série de la *Revue numismatique* où il avait écrit, étaient devenus très rares, M. Deschamps de Pas se décida, en 1866, à publier un *Supplément* à son essai précédent ; il y comprit ces monnaies noires, décrivit en même temps deux pièces d'argent de Philippe-le-Hardi et de Jean-sans-Peur qui lui étaient incon-

---

[1] *Revue de la numismatique belge,* 1861, 3ᵉ série, t. v, p. 202.

nues lors de ses premières recherches, et donna quelques documents monétaires retrouvés aux archives de Lille.

Divers compléments à ces études parurent ensuite : signalons en 1867 : *Contrefaçon des monnaies de Charles VI par Jean-sans-Peur*, et en 1884, *Note sur un type inconnu des monnaies de Marie de Bourgogne comtesse de Flandre*.

Cependant, en 1869, M. Deschamps de Pas, reprenant son histoire monétaire des comtes de Flandre, avait examiné les monnaies des princes de la maison d'Autriche, qui, de 1482 à 1556, possédèrent le comté de Flandre. Ce sont d'abord, Maximilien et Philippe-le-Beau, auxquels il consacre dans la *Revue numismatique française*, en 1869 et 1874, 126 pages, et 10 planches contenant 94 dessins présentant les monnaies sous leurs deux faces. C'est dans la *Revue numismatique belge* qu'il faut chercher la suite à l'*Essai sur l'histoire monétaire des comtes de Flandre de la maison d'Autriche*, elle y parut en 1876 ainsi qu'un *Supplément* en 1877. L'auteur y traite des monnaies de Charles-Quint (74 p. 3 pl. 28 reproductions de monnaies et 33 pages de pièces justificatives.)

Toujours occupé des recherches qui pouvaient compléter ses deux travaux précédents, il publia encore, en 1877, un *Supplément* à ces essais, où il donna la description de quelques types de monnaies de Jean-sans-Peur, de Philippe-le-Bon, Charles-le-Téméraire, Marie de Bourgogne et Philippe-le-Beau, qu'il ne connaissait point auparavant.

Enfin, en 1883, dans une note intitulée : *Quelques observations sur les premières monnaies des comtes de Flandre à propos d'une monnaie inédite de Lens*, il précise l'époque de l'apparition des premières monnaies des comtes de Flandre, qu'il reporte à la première moitié du xiᵉ siècle.

Ces divers essais, suppléments et notes ainsi réunis, forment une histoire monétaire complète des comtes de Flandre, et elle est accompagnée des explications nécessaires sur les événements, dont le reflet se reconnaît sur les monnaies émises par les différents princes.

Monnaies des Pays Bas. — Un chapitre de l'histoire monétaire des Pays Bas est formé par deux travaux publiés en 1857 et 1878 dans la revue numismatique belge. Il nous montre quelques médailles sans aucun lien entre elles : ce sont une médaille et des jetons d'Antoine Perrenot, cardinal de Granvelle, une médaille de Jean Richardot, président du Conseil privé, un jeton de Jean Sarrasin, abbé de Saint-Vaast, et un jeton des Etats d'Artois de 1597. Il devait revenir sur les jetons d'Artois et traiter complètement la matière. Le second a trait à la période des troubles des Pays-Bas de 1577 à 1584. Les Etats généraux, le duc d'Alençon, comme comte de Flandre, firent alors frapper des monnaies, et les villes de Bruges et de Gand s'arrogèrent aussi le droit régalien de battre monnaie à leur nom. M. Deschamps de Pas trouva les exemplaires de ces pièces dans la collection de M. Dewismes ; beaucoup d'entre elles étaient déjà connues, mais il eut pour objet de les réunir toutes, et de produire pour cet ouvrage, divers documents justificatifs et explicatifs tirés des comptes des maîtres particuliers des monnaies.

Poids monétaires. — L'attention du savant numismatiste avait été attirée depuis longtemps sur les poids monétaires, connus aussi sous le nom de *dé-néraux*, puisque ces petits monuments, déjà intéressants par leurs empreintes, servaient en outre à contrôler le poids des monnaies. Il avait été assez heureux pour rencontrer, dans les archives municipales de Saint-Omer, une série de ces poids, au nombre de dix-neuf, en cuivre rouge, et dans un parfait état de conservation. Dès 1863, il les décrivit dans une notice accompagnée de deux planches ; il rappelle que Philippe le Beau, archiduc d'Autriche, par une ordonnance du 8 décembre 1499, avait fixé le nombre et la valeur des monnaies ayant cours dans ses Etats, et qu'il avait fait fabriquer un certain nombre de poids correspondant exactement aux monnaies dont il admettait la circulation ; il dut en envoyer une série dans chacune des villes les plus commerçantes soumises à sa domination, pour servir d'étalons destinés à contrôler ceux dont la vente devait être autorisée. C'est ainsi que le Magistrat de Saint-Omer reçut sans doute la collection retrouvée aux archives ; toutefois, comme elle ne contient pas tous les poids énumérés par l'ordonnance, il n'est pas bien certain qu'on puisse leur attribuer cette date ; dans tous les cas, on peut leur assigner pour époque d'émission les premières années du XVIe siècle. Cette petite notice de 20 pages est extrêmement curieuse et d'une parfaite lucidité.

Jetons d'Artois. — M. Hermand avait écrit en 1843, l'*Histoire monétaire d'Artois*, il n'avait pas eu le temps d'y comprendre les jetons de cette province, dont il avait réuni une assez grande quantité ; il y avait sur ce point à compléter le travail de M. Hermand. C'est ce que fit M. Deschamps de Pas dans une première

2

Notice sur les jetons d'Artois, qui parut en 1863 dans la *Revue de la numismatique belge*. Il y décrivit, en 43 pages et 59 dessins répartis en IX planches, ceux des Etats, et ceux qui rappelaient des faits historiques relatifs à la province. Il compléta sa notice en 1868, et y ajouta la description de quelques médailles.

Méreaux et plombs de marque. — Une notice qui intéresse particulièrement Saint-Omer est celle intitulée : *Quelques méreaux et plombs de marque relatifs à l'Artois* (1867, *numis. belge*). On y trouve les méreaux des arbalétriers, ceux de la ville avec des extraits des comptes des argentiers de 1413-1414, 1431-1432, puis les méreaux du chapitre, de l'église paroissiale Saint-Jean, de l'abbaye de Saint-Bertin. Les plombs de marque sont ceux apposés sur les draps de Saint-Omer et sur ceux de Poperinghe, prévôté de l'abbaye de Saint-Bertin. D'autres appartiennent aux villes d'Aire et d'Arras, presque tous remontent au XVᵉ siècle, et ont été trouvés à Thérouanne.

L'auteur revint plus tard sur ces plombs de marque lorsque, sur notre demande, il voulut bien se charger d'écrire, en 1879, l'appendice aux *Anciennes communautés d'arts et métiers à St-Omer ;* et le rapport fait au nom de la commission des Antiquités de la France sur les ouvrages envoyés au concours de l'année 1882, lu par M. Gaston Paris dans la séance de l'Académie des Inscriptions et Belles Lettres le 7 août 1882, portait : « L'appendice sur les plombs « et médailles des corporations, que M. Deschamps « de Pas, notre correspondant, a joint au volume, « ajoute un nouveau prix à l'ouvrage publié sous les « auspices de la Société des Antiquaires de la Morinie « par ses deux savants secrétaires. »

Méreaux de Thérouanne. — Le sol de l'antique capitale des Morins ne recélait pas seulement des plombs de marque, on y avait trouvé un grand nombre de méreaux que l'on pouvait attribuer à cette ville, et M. Hermand les avait longtemps étudiés. M. Deschamps de Pas se décida à faire sur ces pièces un long travail de classement et de dessin qu'il publia en 1871 et 1872. Cent vingt-cinq pages et vingt planches reproduisant 331 de ces petits monuments métalliques lui permirent de décrire les méreaux de l'évêché et du chapitre ; ceux distribués lorsqu'on acquittait certaines fondations, aux obits, anniversaires, offices divers ; ceux des confréries religieuses, telles que les confréries de la Sainte-Vierge, du Saint-Viatique, du Sacré-Cœur, de Sainte-Barbe, Saint-Quentin, Saint-Michel, ceux des chapelles placées sous l'invocation de divers saints ; des enseignes de pèlerinages ; les monnaies des Innocents, des pièces présentant de véritables rébus, des plombs ayant servi à l'un des officiers royaux dont le siège était à Thérouanne ; des méreaux des corporations de métiers, de celles des fondeurs, des boursiers, des souffletiers, des fondeurs de cloches, des potiers d'étain, des fabricants de dinanderie, des ouvriers maniant le marteau, etc. ; des plombs alphabétiques, sur l'usage desquels il donne une ingénieuse explication empruntée à M. Albert Legrand ; des plombs ou marques de marchands, des plombs-monnaies destinés à suppléer à l'insuffisance de la monnaie. M. Deschamps de Pas considérait dans sa préface, ce travail comme la rédaction d'un simple catalogue ; la modestie du savant ne pouvait cependant l'empêcher de voir qu'il contenait une suite de renseignements intéressants pour l'histoire de Thérouanne ; c'est pour les signaler à votre attention autant que pour rendre justice à la patience et à la sagacité des investigations de l'auteur, que j'ai cru devoir vous présenter une analyse sommaire de la *Notice des méreaux trouvés à Thérouanne et que l'on peut attribuer à cette ville ;* elle sera pour plusieurs d'entre vous une véritable révélation, puisqu'elle a paru à Bruxelles il y a déjà près de vingt ans, en 1871. L'Académie des Inscriptions et Belles Lettres estima ce travail à sa juste valeur, elle en nomma l'auteur, correspondant de l'Institut.

Monnaies de diverses villes. — M. Deschamps de Pas étudia aussi quelques séries de monnaies de diverses villes. En 1843, il donna une *Note sur quelques monnaies inédites de Cambrai ;* en 1854, un *Essai historique sur les monnaies du Ponthieu ;* en 1883, une *Étude sur les monnaies de Calais,* pour laquelle il utilisa la célèbre publication des Record's.

Pour Boulogne, ses travaux sont plus étendus, ils datent de 1838, 1839, 1857, 1859, et en 1885 dans l'*Étude sur les monnaies de Boulogne,* il résume tout ce qui a été écrit jusqu'alors sur elles, par MM. Desains, Ch. Marmin, de Longpérier et Poëy d'Avant, et il signale les *monetæ castrenses* romaines, l'atelier monétaire des rois francs des deux premières races, les monnaies frappées au nom des comtes de Boulogne depuis le xie siècle jusqu'à 1237. Puis, viennent quelques observations sur les monnaies de Fauquembergues, et les comptes-rendus des découvertes de médailles ou monnaies faites dans les environs de Saint-Omer.

Le *Catalogue de la collection Dewismes,* en 1875,

est resté classique [1], il contient la description do 3003
monnaies et médailles, et celle de divers émaux,
ivoires et curiosités qui prouve combien étaient éten-
dues et variées les connaissances de notre collègue.

Tant de travaux variés avaient placé M. Deschamps
de Pas au rang de nos meilleurs numismatistes :
A. de Barthélemy, Dancoisne, Duchalais, Gariel,
P.-Ch. Robert, de Saulcy, Rouyer, Rigollot, Chau-
lard, Van Hende, de Ponton d'Amécourt, et sa
réputation n'était pas moins grande en Belgique.
Pour lui, la numismatique n'est pas une science qui
n'a pour objet que de classer des médailles et des
effigies dans une collection, et de reconnaître le titre
et l'empreinte des monnaies, il s'en sert pour éclairer
l'histoire, elle lui révèle une foule de faits curieux,
elle lui permet de contrôler les assertions des anna-
listes et des chroniqueurs, et lui-même fouille les
archives, et en tire des documents justificatifs des
dates qu'il donne, ou des attributions qu'il propose.
Ce n'est pas à dire qu'il ne se trompe jamais ; si
froide que semble la science de la numismatique,
elle entraîne ses adeptes dans certains écarts d'ima-
gination, et parfois notre collègue força quelque peu
certains rapprochements, ou crut voir des symboles
ingénieux dans certaines défectuosités de l'ouvrage
de quelque monétaire [2].

---

[1] *Notice sur Louis Deschamps de Pas,* par A. de Witte (*Revue de
la numismatique belge*).

[2] *Revue de la numismatique belge,* 3' série, LV., 1861, p. 203.
Compte-rendu de l'essai sur l'histoire monétaire des comtes de
Flandre de la maison de Bourgogne, par M. René Chalon.

SIGILLOGRAPHIE

Le témoignage des sceaux ne date pas d'aussi loin que celui des monnaies, mais il est souvent plus important ; sœur de la numismatique, la sigillographie, non seulement donne à l'histoire générale et locale des faits qu'on ne trouverait pas ailleurs, mais elle est une des principales sources pour l'iconographie, la description des costumes ; et l'histoire du scel au moyen-âge se lie partout à celle des institutions et des mœurs.

Trois ouvrages importants ont été particulièrement écrits sur cette matière par M. L. Deschamps de Pas.

Sceaux des comtes d'Artois. — Il existait dans les archives municipales de St-Omer, un certain nombre de sceaux des comtes d'Artois appendus au bas des diplômes. En 1856 et 1857, il en publia la description dans les *Annales archéologiques de Didron* (t. XVI et XVII 48 p.), avec quatre grandes planches gravées donnant 15 exemples de sceaux et contre-sceaux, à laquelle il joignit l'inventaire des chartes au bas desquelles il les avait trouvés. Ce fut le premier travail de sigillographie publié par Didron. Je n'ai point à l'apprécier puisqu'il obtint, en 1858, la huitième mention très honorable au Concours des Antiquités de la France à l'*Académie des Inscriptions et Belles Lettres ;* le rapporteur, M. Paulin Paris, dans la séance du 12 novembre s'exprimait ainsi : « Ces sceaux d'un » excellent travail sont parfaitement conservés dans » le dépôt des archives de Saint-Omer, et M. de Pas » a fait graver avec le plus grand soin ceux qui pré- » sentaient le plus d'intérêt sous le double point de » vue de l'art et de l'histoire. »

Ce jugement indique bien l'esprit de l'auteur qui, dans ses travaux, avait pour objet d'apporter sa part contributive à l'étude de l'histoire, et qui savait aussi que les sceaux du moyen-âge, surtout ceux du XIIIe siècle, rivalisaient avec les plus belles monnaies et médailles de l'antiquité grecque.

Histoire sigillaire de la ville de Saint-Omer. — Mais un ouvrage plus considérable l'occupait depuis long-temps. C'est l'*Histoire sigillaire de Saint-Omer,* publiée en 1861[1], et qu'il avait entreprise vingt-cinq ans auparavant en col. ᵗoration avec M. Hermand. Il se chargea, après la mort de celui-ci, survenue en 1858, de réunir et de coordonner les matériaux préparés par son ami, et de les compléter par de nouvelles et fructueuses investigations dans les archives du nord de la France, et il fit plus que tripler ainsi le travail primitif.

Avec un soin pieux, il plaça en tête l'écrit posthume de M. Hermand intitulé : *Considérations générales sur les sceaux et sur leur usage,* qui était un excellent morceau. Mais, ici surtout, je dois laisser la parole au savant rapporteur de la commission des Antiquités de la France, M. Alfred Maury, qui dans la séance publique du 1er avril 1862, loua ainsi l'œuvre à laquelle l'Académie des Inscriptions et Belles-Lettres accordait la seconde mention très honorable :

« Un ingénieur des ponts et chaussées, M. Deschamps
» de Pas, vous a adressé une *Histoire sigillaire de Saint-*
» *Omer.* Il y a longtemps que ce savant s'est voué à l'étude
» des sceaux du moyen âge, de la numismatique, sœur
» aînée de la sigillographie, et sans la connaissance mu-

[1] C'est par erreur que cette histoire porte la date MDCCCXLI (1841) il faut lire MDCCCLXI (1861).

» tuelle desquelles on ne saurait marcher d'un pas sûr
» dans l'interprétation des monuments figurés de cette
» période. Le sujet qu'à traité M. Deschamps de Pas n'of-
» frait pas les difficultés et la variété de détails qu'impli-
» que la détermination des monuments de l'époque bar-
» bare dont nous parlions tout à l'heure. L'auteur s'est
» cantonné en un point fort circonscrit de l'histoire, et
» d'un intérêt tout local ; mais il a mis en valeur ce petit
» champ avec tant de persévérance qu'il a recueilli des
» fruits abondants. La ville de Saint-Omer se distingue
» par l'ancienneté et la multiplicité de ses sceaux. La
» commune, le châtelain, l'évêché, le chapitre, le bailliage,
» les monastères, les cures, les seigneuries diverses, les
» corporations marchandes, sont représentés dans cette
» ville par une série de monuments sigillographiques,
» dont les titres ont été expliqués avec bonheur et intel-
» ligence par l'habile antiquaire artésien : M. Deschamps
» de Pas, grâce à des documents réunis par feu M. Her-
» mand, a pu nous faire connaître les circonstances et les
» motifs qui avaient fait employer tel ou tel sceau ; ces
» circonstances, ces motifs, l'analyse raisonnée des char-
» tes, des pièces auxquelles les sceaux sont suspendus,
» sont apposés, les lui fournit. Nous n'avons donc pas ici
» un simple catalogue, mais une description approfondie,
» qui a demandé une étude persévérante et complète de
» l'histoire du pays.

» Si le savoir déployé par M. Deschamps de Pas avait
» été appliqué à un sujet d'un intérêt moins circonscrit
» et à des vues plus générales, nous n'eussions pas balancé
» à décerner à son livre une médaille ; nous lui accordons
» la seconde mention très honorable. »

M. Edouard de Barthélemy, à son tour, rendait
compte de l'ouvrage dans l'article : *Bibliographie*
du Moniteur, alors journal officiel de l'empire, et
disait en terminant : « D'excellents et nombreux
» dessins accompagnent le travail de M. de Pas, et
» en font un recueil d'une grande valeur. » Ces dessins, 333 sceaux et 45 planches, étaient dus,

comme ceux faits par les *Sceaux des Comtes d'Artois*, au talent si consciencieux de son frère M. Auguste Deschamps de Pas. De sorte que cette œuvre si complète et si considérable fut le produit de la collaboration de trois érudits audomarois, dont l'un était aussi un très habile dessinateur ; mais elle doit sa vie et sa publication à M. L. Deschamps de Pas, qui seul a su en mettre en œuvre et en compléter les matériaux.

Sceaux-matrices relatifs à l'Artois et la Picardie. — Le dernier travail important de notre regretté collègue en matière de sigillographie est la *Description de quelques sceaux-matrices relatifs à l'Artois et à la Picardie*, qui parut en 1889 dans le tome XLIX *des Mémoires des Antiquaires de France*. Sept planches, avec 137 dessins qui sont de lui, accompagnent les 99 pages qui le composent. Il avait depuis plusieurs années les éléments de cette publication lorsqu'il se décida à l'offrir aux *Antiquaires de France*. Comme toujours le texte est accompagné d'instructifs commentaires, et cette œuvre est digne des précédentes.

ÉPIGRAPHIE

Je n'ai point à juger l'*Epigraphie de Saint-Omer*, puisqu'elle est en cours d'impression, mais nous en avons entendu la lecture à nos séances, et nous savons que là encore, le savant est bien moins préoccupé de la description matérielle que de son utilité ; il veut la rendre pratique, il entend qu'elle serve à l'histoire générale ou locale ; aussi s'est-il écarté systématiquement du mode adopté pour quelques-unes de ces publications qui se bornent à donner des inscriptions les unes à la suite des autres sans aucun commentaire. Il a pris modèle d'ailleurs sur d'illustres exemples [1].

II

Archéologie et histoire

ARCHÉOLOGIE

La numismatique et la sigillographie ont trop de relations avec l'archéologie proprement dite pour que notre collègue n'ait pas produit aussi de solides travaux en cette matière. Il appartenait à cette génération d'hommes, à qui les Chateaubriand, les Victor Hugo, les Montalembert, les Vitet, les Mérimée avaient révélé peu à peu un monde en quelque sorte nouveau, monde sinon inconnu, du moins oublié des siècles précédents, le monde du moyen-âge ; les monuments chrétiens, qui occupent une si grande place dans nos antiquités nationales, excitaient l'admiration universelle, leur réhabilitation commençait ; à Saint-Omer même, M. Vitet était venu, à la fin de l'année 1830, jeter un cri d'alarme à la vue de la destruction des admirables restes de l'abbaye de Saint-Bertin, et de ce mouvement était sorti la Société des Antiquaires de la Morinie, dont le titre même indiquait l'objet primitif ; M. L. Deschamps de Pas fit bientôt partie de ces jeunes archéologues qui

[1] M. de Guilhermy dans l'*Epigraphie du diocèse de Paris*, publiée dans les *Documents inédits de l'Histoire de France*. (Ministère de l'Instruction publique.)

veillèrent à la conservation de ces œuvres de génie, et qui se mirent en devoir de les arracher au vandalisme, ou de faire renaître en quelque sorte à la vie, par d'intelligentes descriptions, celles qui avaient été condamnées.

Ancien Hôtel-de-Ville de St-Omer. — En 1837, dans son *Essai historique sur l'ancien hôtel-de-ville de Saint-Omer*, qu'il donna dans les *Mémoires de la Société des Antiquaires de la Morinie*, il fit à la fois œuvre d'archéologue et d'historien, en reproduisant treize chartes relatives aux différentes halles qui ont existé dans la ville, et en 5 planches des plans, des vues, et divers détails d'architecture et de sculpture du xive et du xve siècle. Grâce à cette importante étude technique, nous pouvons nous figurer, et plusieurs d'entre vous ont pu vous présenter dans leur véritable cadre, toutes ces grandes scènes de la vie communale au moyen-âge, concession de libertés, révoltes, faits militaires, vie commerciale, réjouissances publiques, visites de prince ; nous pénétrons plus intimement dans la vie de nos pères, et nous comprenons mieux cette magistrature échevinale qui se perpétua sept siècles, en retrouvant les salles de ses délibérations, de ses audiences, l'argenterie, la chapelle et leur mobilier, la grande halle, la tribune extérieure ou bretèque, les prisons, les corps-de-garde, et jusqu'à cet escalier dérobé, par lequel le Magistrat s'enfuit dans deux ou trois circonstances, croyant ainsi échapper à certaines exigences populaires ou souveraines.

En 1850, la statistique monumentale du Pas-de-Calais donna une belle gravure du vieux monument, accompagnée d'une nouvelle notice descriptive plus succincte, en 7 pages, due aussi à la plume de M. Deschamps de Pas.

L'Hôtel-de-Ville a disparu, mais il reste à Saint-Omer de vieilles églises : « Lorsque sur le déclin « d'une belle soirée d'été, le voyageur descend pai- « siblement la route qui conduit du plateau des « Bruyères à Saint-Omer, son œil est tout-à-coup « saisi d'un magnifique spectacle que l'on n'oublie « jamais lorsqu'on l'a contemplé une fois, et que l'on « revoit avec un plaisir toujours nouveau : du sein « d'un océan de brume, où surnagent çà et là des « toits d'ardoises et de tuiles, aux couleurs variées, « s'élancent, dorés par les rayons du soleil couchant, « les nobles tours de Notre-Dame et de Saint-Bertin, « la flèche aiguë de Saint-Sépulcre et le colossal « pignon des Jésuites ; puis, si, fatigué d'embrasser « les hautes régions de l'atmosphère, le regard s'a- « baisse peu à peu, il rencontre en chemin un monu- « ment moins remarquable au premier aspect, mais, « à coup sûr, aussi intéressant, dans son humilité « relative, que les masses qui l'entourent et l'écra- « sent ; ce monument, c'est l'église de St-Denis [1]. »
Voilà le tableau d'ensemble des monuments dont la description presque complète va tenter successivement l'archéologue.

Église Saint-Denis. — Il commence par l'église Saint-Denis en 1840, dans le tome VI des *Mémoires des Antiquaires de la Morinie*. Sa notice sur l'église paroissiale en fait d'abord l'histoire, que la perte de

[1] *Tour et église Saint-Denis à Saint-Omer,* par MM. de Linas et Deschamps de Pas (*Statistique monum. du dép* du *Pas-de-Calais,* t. I, 1850).

ses archives rend plus précieuse, et nous décrit la tour commencée au xiiime siècle par les soins de Dom Adrien Canlers, puis l'auteur passe à l'examen de l'église telle qu'elle est au moment où il écrit.

En 1850, il la décrit de nouveau au point de vue architectural seulement, en collaboration avec M. de Linas, dans la *Statistique monumentale du Pas-de-Calais*, et y joint une vue dessinée par Gaucherel.

Église des Jésuites. — C'est dans le même recueil qu'en 1873 parut la description de l'église des Jésuites de Saint-Omer, de celle construite à Aire par les mêmes religieux, et du bailliage de cette dernière ville.

Église Notre-Dame. — Mais c'est surtout l'église Notre-Dame, l'ancienne collégiale devenue cathédrale après la chute de Thérouanne, qui attire son attention, et sur laquelle il multipliera les brochures, étudiant tour à tour son ancien pavage (1850-1851), son ancien clocher (1850), sa tour (1851), ses vitraux (1852), son orfèvrerie, ses ornements, ses reliquaires (1884-1886), sa liturgie (1886), ses inscriptions funéraires (1887-1888), et sa curieuse horloge (1887). Avant lui déjà, M. Wallet avait donné en 1839 une description de l'ancienne cathédrale. Aussi ne reprit-il pas l'histoire du monument dans son ensemble. Le pavage avait été étudié également en 1837 par M. Wallet, et une bonne notice sur les dalles sculptées qui servaient de pavé, avait été rédigée en 1839 par M. Hermand *(Mém. des Antiq. de la Morinie,* t. V). Aussi dans l'*Essai sur le pavage des églises antérieurement au XVme siècle,* qui parut dans les *Annales archéologiques* en 1851, M. Deschamps de Pas, après diverses considérations historiques générales, réunit et abrégea ce qui avait déjà été dit par ces deux savants archéologues. Mais les quatre planches ou sections, pouvant être réunies en une seule qui présente la totalité du carrelage ancien, l'arrangement plus rationnel qu'il donna aux dalles gravées en raison de l'espace qu'elles devaient couvrir, les explications précises que sa connaissance d'un grand nombre d'empreintes sigillaires lui fournit sur les sujets représentés sur les dalles, lui permirent de faire un travail, sinon absolument original, du moins bien coordonné, et d'une minutieuse exactitude qui n'avait pas été atteinte précédemment en ce qui concernait les dessins. L'ouvrage produisit même quelque sensation, et des carrelages pareils à celui de Saint-Omer furent commandés à l'usine de Didron.

Plus tard, M. Deschamps de Pas retrouvait en 1855 d'autres exemplaires de dalles gravées à Watten, et dans le tome XV des *Annales*, il faisait remarquer : « Jusqu'à présent l'on n'a retrouvé de dalles « gravées à incrustations que dans le nord de la « France. Ce genre de décoration s'est-il localisé « dans ce pays pour s'étendre de là en Angleterre « où on le retrouve à Cantorbéry, ou bien l'inverse « a-t-il eu lieu ? C'est ce qu'il nous est impossible « de dire. »

Le tome IX de vos *Mémoires* (1851) contient sous le titre : *Essai sur l'art des constructions à Saint-Omer à la fin du XVme et au commencement du XVIme siècles,* l'examen des travaux faits à la tour de la collégiale de 1471 à 1521, appuyé d'extraits des comptes de la fabrique ; le *Bulletin historique* (t. I, 1853), une description du *petit clocher de la croisée sur la nef et des transsepts,* d'après le marché fait pour sa construction en 1486, ainsi qu'un examen des *vitraux peints* depuis les dernières années du xiiime siècle jusqu'à la fin du quinzième ; cette dernière note devait avoir une suite qui semble n'avoir jamais paru, ou du moins il faudrait se reporter à une variété écrite pour le journal *l'Indépendant*, intitulée : *Les verrières et la cathédrale de Saint-Omer*, qui y fut publiée à propos de verrières modernes placées lors des travaux de restauration entrepris à l'église Notre-Dame.

Le contrat de l'*Épitaphe de Sidrac de Lallain*, doyen de la collégiale en 1534, publié dans le *Bulletin des Comités historiques* (1851), *Quelques inscriptions récemment découvertes en* 1875 *(Bulletin de la Société des Antiq.*, t. V), la *Pierre tombale de la dame de Matringhem*, le *Monument funéraire d'Oudart de Bersacques (id.*, t. VIII), sont des travaux de moindre importance, qui touchent encore à la description de la cathédrale.

Mais en 1879, le Ministre des Beaux-Arts procéda à un inventaire général des richesses d'art de la France ; M. Deschamps de Pas dressa alors un *Inventaire des richesses d'art renfermées dans l'église cathédrale de Saint-Omer*, sur le modèle adopté par le Ministère (Saint-Omer, D'Homont, 1879) ; et les 32 pages in-8° qu'il y consacra sont la description résumée la plus substantielle que nous ayons de ce monument. Un historique succinct de la construction, et la description successive des sculptures extérieures, de la nef, des transsepts, du chœur, de l'abside, des chapelles, des peintures, sculptures, vitraux qui les décorent des boiseries, de l'orgue, de la chaire et de la sacristie, font de ce travail un véritable guide dans la cathédrale, en même temps qu'un ouvrage propre à faire comprendre combien ce monument est admirable, et à faire descendre dans

le cœur des habitants d'une ville qui le possède, un
légitime sentiment de fierté, en même temps qu'un
sentiment de reconnaissance pour l'État qui le restaure, et pour la fabrique qui fournit aussi les fonds
dont elle peut disposer.

M. Deschamps de Pas ne se contentait pas de
connaître et de décrire ainsi l'édifice dans ses détails.
Le doyen de Notre-Dame avait retrouvé en 1854, au
fond d'une armoire, une *monstrance* très originale en
cuivre doré datant du xiiime siècle. M. Auguste Deschamps de Pas en fit le dessin, et son frère en envoya
la description aux *Annales archéologiques,* qui repro-
duisirent l'une et l'autre.

Le *reliquaire du chef de saint Omer,* fait de 1462 à
1466 sur le modèle de celui du chef de saint Maxime à
Thérouanne, était une riche œuvre d'art, sur laquelle
la publication des comptes de la fabrique donna tous
les détails possibles. *(Bull. des Antiq. de la Morinie,*
t. VII; 1884). Il était compris dans un inventaire de
1557.

Plus tard, M. Deschamps de Pas publia tout
entier cet *Inventaire des ornements, reliquaires, etc.,
de l'église collégiale de Saint-Omer,* et il le donna en
1886 au *Bulletin archéologique du Comité des travaux
historiques et scientifiques.* La pièce existe en original
dans ces précieuses archives capitulaires, que la ville
de Saint-Omer et la Société des Antiquaires de la
Morinie doivent à la bienveillance d'un Ministre
d'avoir pu conserver. Bien des documents similaires
et plus anciens avaient obtenu, avant celui-ci, la
faveur de la publicité, mais il l'emporte sur eux par
l'extension du détail. La majorité de ses 297 articles
a été l'objet d'une description minutieuse. Quelques
usages locaux très curieux sont également révélés :

vestiaire particulier des enfants de chœur (n°⁵ 253 à
262), office de *Missus* (Avent), (pp. 244 à 252) ; les
riches étoffes, les broderies, les toiles peintes abon-
daient au trésor de Saint-Omer ; nulle mention de
tapisseries. Une savante introduction, des dates historiques et liturgiques non moins savantes, accompagnent le document, et l'œuvre occupe un rang
distingué parmi celles du même genre que le Comité
des travaux historiques ne cesse de mettre au jour ;
cet inventaire peut être classé immédiatement après
celui de la cathédrale de Châlons-sur-Marne, de 1410-
1414, qui contient 485 articles.

Le *Bulletin archéologique* de 1887 comprend le
*Marché pour la construction de l'horloge de l'église
collégiale de Saint-Omer en 1555.* Le document est
précédé par une description de l'état actuel de l'horloge, qui a subi quelques mutilations, moins dans ce
qu'on appelait jadis sa monture, que dans la menui-
serie de l'enveloppe du mouvement qui a disparu.

Abbaye et pied de croix de Saint-Bertin. — L'abbaye de Saint-Bertin a été le sujet de plusieurs ouvrages remarquables, et leurs auteurs avaient peu
laissé à dire de nouveau, mais c'est de son trésor
que vient l'admirable pied de croix si connu et si
souvent exposé. Les *Annales archéologiques* le repro-
duisirent en 1858, et M. Deschamps de Pas y
décrivait, avec autant de clarté que de précision,
les quatre évangélistes formant le support, le cou-
ronnement composé d'un chapiteau sur lequel sont
représentés la terre, la mer, l'air et le feu person-
nifiés, ainsi que les sujets bibliques de la partie
sphérique. Comme pour la monstrance de Saint-Omer,

nous avons là un intéressant travail sur l'orfèvrerie religieuse du XIIIme siècle.

D'autres travaux moins importants sur cette abbaye sont dus aussi à sa plume : une brochure devenue rare sur le *Crapaud et le lézard de l'abbaye de Saint-Bertin,* un résumé de l'*Histoire de l'abbaye,* œuvre de vulgarisation (in-12, 42 p., 1868), tous deux signés par le Bibliophile artésien, et deux articles dans vos Bulletins, en 1869 et 1878.

Notre-Dame des Miracles. — Dans la ville, sur la grande place du marché, existait autrefois une chapelle élevée à la patronne de la cité : Notre-Dame des Miracles. D'abord, en 1854, M. Deschamps de Pas analysa dans vos Bulletins un précieux manuscrit relatif à la confrérie placée sous son invocation, il en renferme les règlements, une liste des noms des confrères dont l'une s'arrête à l'an 1395, tandis que la seconde, indiquant les doyens, va jusqu'en 1733, et la mention de quelques-uns des revenus qui y étaient attachés au XIVme siècle. La statue de bois du XIIIme siècle qui représente cette vierge fut reproduite et décrite, en 1858, dans les *Annales archéologiques,* avec divers extraits des inventaires de ses joyaux et de sa garde-robe en 1346, 1348, 1383, 1497. En 1885 et 1887, votre collègue nous parla encore, dans vos Bulletins, des pièces d'argenterie provenant de cette chapelle, qui furent envoyées à la Monnaie de Lille en 1690, et du projet de sa reconstruction en 1785.

Croix de Clairmarais. — De l'ancienne abbaye de Clairmarais, dont l'histoire a été racontée par le second de vos secrétaires généraux, il ne reste que des ruines, mais il en vient un objet des plus pré-

cieux, qui fut donné au commencement de ce siècle
à la confrérie de Notre-Dame des Miracles, c'est la
célèbre croix de Clairmarais. Dès 1854, elle avait attiré
l'attention de M. Deschamps de Pas, et il lui consacra
dans les *Annales archéologiques* un article de 11 pages,
avec 4 planches dont les gravures comptent parmi
les plus remarquables de Sauvageot. Il prouve que
cette œuvre d'art est du xiiime siècle, et non du xiime,
comme l'avait avancé Dom Bertin de Vissery, et il
décrit l'admirable croix reliquaire faite pour l'honneur et la vénération du grand morceau de la vraie
croix qu'il contient, et qui est un des plus considé-
rables de la chrétienté ; il signale les filigranes, les
ciselures mêlées aux pierres, les nielles de l'autre
côté de la croix, de ce merveilleux ouvrage auquel il
a contribué à donner une juste célébrité.

LITURGIE

L'architecture, l'orfèvrerie religieuse ne donnent
pas l'histoire entière des monuments religieux. La
liturgie, c'est-à-dire les cérémonies qui s'y célèbrent,
l'étude des missels et bréviaires, est encore une des
branches de l'archéologie religieuse. Votre confrère
s'y montra aussi d'une compétence réelle.

En 1857, dans les *Annales archéologiques,* sous le
titre de *Drame liturgique,* il avait donné un important
extrait du manuscrit 62 de la bibliothèque de Lille,
concernant la célébration de la messe « *Missus est
Gabriel angelus* » dans l'église de Tournai au xvime
siècle. Le mérite de ce texte était de faire voir avec
quelle gravité et quelle grâce à la fois le petit drame
de l'Annonciation était représenté.

Il revint plus tard à ce genre d'études à propos de

l'église collégiale, et donna dans le tome XX de vos *Mémoires*, en 1887, les *Cérémonies religieuses dans la collégiale de Saint-Omer au XIIIme siècle*. C'est la publication d'un très curieux rituel du xiiime siècle, trouvé dans les archives du chapitre, et qui, si l'humidité n'en eût pas rongé plusieurs feuillets, eut pu rivaliser avec les célèbres rituels de Sens, de Beauvais et de Rouen. L'auteur a pris soin d'expliquer ces cérémonies qui comprennent presque tout le cours de l'année, dans un commentaire et des notes intéressantes ; et dans quatre planches, il a même reproduit trente-huit intonations de divers hymnes ou antiennes ; car, musicien lui-même, il n'était pas étranger à l'histoire de l'art musical.

Le *Missel d'Odoard de Bersaques*, dernier prévôt de l'église collégiale, mort en 1558, est la description du manuscrit 60 de la bibliothèque de Saint-Omer. Ce qui en fait l'intérêt, ce sont les neuf jolies miniatures dont il est orné, et que M. Deschamps de Pas décrit avec son exactitude habituelle (Bulletin 1883).

Un curieux opuscule : *Ce que c'était qu'un overdrach,* rentre à la fois dans la compétence de l'archéologue et dans celle de l'ingénieur. Le Comité flamand en apprécia en 1862 tout l'intérêt, qui se trouve accru par un dessin de ces sortes d'appareils que l'auteur y a joint.

Telles sont les principales études archéologiques de votre confrère. L'archéologie est peut-être la science qui l'attachait le plus, on peut même dire qu'elle le passionna parfois, si l'on se rappelle la persévérance et la chaleur qu'il mettait à la défense de nos anciens monuments. Il est bon de citer quelques exemples de ces indignations du savant, car ils servent à peindre l'homme et son caractère. A propos de l'hôtel de ville. « Le xvime siècle, dit-il, l'avait vu « naître, les siècles suivants l'avaient vu grandir. « Un conseil municipal et un architecte firent à eux « seuls ce que 600 ans n'avaient pu faire : le 27 jan- « vier 1832, l'hôtel de ville de Saint-Omer fut rayé « de la liste des édifices. Puisse cette leçon servir « aux cités qui possèdent encore de semblables mo- « numents ! » (*Statistique monumentale,* t. I, 1850, p. 7 de la notice.) En 1858, dans sa notice sur Notre-Dame des Miracles, il proteste contre les mutilations faites à la statue dans le but de la revêtir de robes d'étoffe, et la disparition du bras droit de l'enfant Jésus dont la pose eut gêné beaucoup les habilleurs mo-dernes. « Quelle idée peut-on se faire, s'écrie-t-il, « d'une Vierge revêtue d'une robe de damas, couverte « d'un manteau à deux ailes, et portant sur son bras « gauche un enfant habillé d'une robe semblable, « coiffés tous deux, la Mère et l'Enfant, d'une cou- « ronne impériale à la façon de Charles-Quint ! Cette « Vierge, du reste, ressemble à toutes les Vierges « que l'on voit dans une foule de villages, princi- « palement en Flandre. On est loin de penser que « là-dessous se trouve une statue de la plus belle « époque du xiiime siècle..... » Ces critiques ne res-tèrent pas sans écho. La statue a depuis été peinte et dorée comme autrefois, et elle n'est revêtue de ses habillements que pendant les fêtes annuelles du pèle-rinage. Il profite de son étude sur le pavage des églises antérieurement au xvme siècle, pour dire ce qu'il pense de « l'emploi banal des carreaux de « marbre blancs et noirs, malheureusement trop sem- « blables au carrelage qui s'étend dans les vestibules.

« des maisons particulières. » Il s'indigne une autre fois, dans le *Dictionnaire historique du département* (art. *Longuenesse, Saint-Omer,* t. III, p. 90) contre la fabrique de Notre-Dame qui vend, pour faire du plâtre, les statues d'albâtre de Philippe de Sainte-Aldegonde et de sa femme Bonne de Lannoy ornant autrefois le mausolée de ce grand bailli mort en 1574. Quand les membres du Congrès archéologique, tenu à Arras en 1880, vinrent faire une excursion à Saint-Omer, il fut leur guide, et ce fut lui qui rédigea le récit de leur visite aux mouuments. Il en profita pour exhaler ses doléances, qu'il avait su faire partager aux savants excursionnistes. Il les conduit visiter l'ancienne église des Jésuites et son magnifique vaisseau. « Aussi, dit-il, quel ne fut pas l'étonnement « des membres du Congrès d'apprendre qu'on vou- « lait la démolir ! Un cri unanime de réprobation « sortit de toutes les bouches contre cet acte stupide « de vandalisme. » A la cathédrale, qu'on restaure, il fait voir un « architecte de Paris qui, ainsi que la « plupart de ses confrères, poursuit dans les tra- « vaux la réalisation de l'unité de style que ne peut « posséder un monument construit dans l'espace de « trois siècles. » ..., substituant aux galeries du xvme siècle du transsept sud une autre de son inven- tion en style du xiiime siècle ; couvrant « de toits « élevés, décorés de crêtes et d'épis, peut-être du « style du xiiime siècle, mais, à coup sûr, qui ne sont « point là à leur place », les chapelles rayonnantes du chœur anciennement couvertes en plate-forme ; et faisant subir aux tourillons existant à la partie supé- rieure de la grande tour de l'ouest, une restauration ayant pour objet d'y ajouter des pinacles, balustrades et gargouilles, « toutes choses qui n'existaient pas

« auparavant, et n'étaient nullement nécessaires,
« ainsi qu'on peut en juger par la tour similaire de
« Saint-Bertin, qui se trouve à l'autre extrémité de
« la ville. » « En résumé, ajoute-t-il, l'architecte du
« gouvernement nous paraît avoir traité le monu-
« ment avec une singulière désinvolture, sans prendre
« aucun souci de chercher à rétablir simplement ce
« qui existait auparavant, au lieu d'inventer de soi-
« disant perfectionnements. »

Sans m'étendre davantage sur les autres critiques
aussi judicieuses qu'il a faites d'autres restaura-
tions, il serait cependant peu équitable de ne pas
dire combien il s'élevait, comme tous les Audomarois, « contre l'abus des inscriptions rédigées en
« style télégraphique dont plusieurs parties du mo-
« nument sont couvertes », et comme il regrette le
nouvel autel de Notre-Dame des Miracles.

Il y a des hommes qui, dans le courant de leur
existence, n'exercent pas toujours la légitime influence que semblent devoir leur donner leurs études
et leurs talents. Puisse-t-il aujourd'hui être tenu
compte des trop justes critiques de notre collègue, là
où il en est temps encore, et puissions-nous voir ce
qu'il souhaitait en 1853 : « La régénération de l'art
« du moyen âge dans nos églises, régénération
« commencée par l'édifice ou la construction, pour-
« suivie par l'ameublement intérieur, terminée par
« le recouvrement du sol[1]. » !

HISTOIRE

Il me reste à vous parler des travaux exclusive-
ment historiques de M. Deschamps de Pas.

[1] *Essai sur le pavage des églises, in fine.*

Histoire militaire. — Il a touché plusieurs fois à l'histoire militaire. Dans le tome X de vos *Mémoires,* il raconta, en 1854, l'*Attaque de la ville de Saint-Omer en 1594* ; c'est un récit vif et clair, rédigé d'après la chronique manuscrite d'Hendricq, de la tentative du duc de Longueville pour enlever la place aux Espagnols. Il fut complété par deux notes qui parurent en 1882 dans vos Bulletins (121me et 122me livraisons). En 1858, dans *l'Indépendant,* il publia un épisode plus étendu, qui fut tiré à part (71 p. 1 plan). C'est le siège de 1638, d'après les manuscrits du P. Ange ou plutôt du P. Estiez, de Deneuville, et les archives communales. La ville appartenait alors aux Espagnols, le 24 mai elle fut assiégée par les Français commandés par le maréchal de Châtillon. La guerre fut longue et pénible, et la place ne dut son salut qu'au courage de ses habitants que vint secourir le prince Thomas de Savoie. Lorsque votre Compagnie se décida, en 1874, à publier le manuscrit latin du P. Chifflet : *Audomarum obsessum,* le journal de ce même siège et la correspondance du maréchal de Châtillon, M. Deschamps de Pas se trouva naturellement apte à écrire les deux introductions qui précédèrent ces publications. D'autres notes de moindre importance parurent dans la *Revue des Sociétés savantes* en 1863, et dans vos Bulletins en 1880 et 1888, au sujet de la défense de la place, de 1341 à 1347, pendant la guerre de Cent ans.

Histoire commerciale. — L'histoire commerciale de notre pays ne l'intéressait pas moins. Les archives communales lui fournirent le texte original d'une *Enquête sur la manufacture et le commerce des draps à Saint-Omer, et dans les villes voisines, au commen-*

cement du *XVIIme siècle,* époque où on cherchait les moyens de rendre à ce commerce son ancienne prospérité ; il donna le texte de ce document en 1865 à l'Académie d'Arras. Cette enquête nous apprend, entre autres choses, que la ville de Saint-Omer possédait autrefois 900 métiers « à faire grands draps », sans compter une foule de petits métiers, et que chaque grand métier, gouverné par des hommes, pouvait nourrir 50 personnes.

La charte concernant la *Corporation des sayetteurs d'Arras en* 1500 donne surtout des détails sur leur organisation en confrérie religieuse.

Des travaux plus spéciaux sur Saint-Omer sont la publication en 1855 du très important manuscrit de la *Hanse locale,* registre qui va de 1144 à 1268, et qui donne le règlement de cette puissante association agrégée à celle de Londres, des listes de marchands associés, dont l'une comprend 550 noms. Il atteste l'étendue et l'importance des relations commerciales de Saint-Omer avec l'Angleterre, l'Irlande, l'Écosse et l'Italie. Dans son analyse, M. Deschamps de Pas a tiré tout le parti possible de ce document, dont on devra tenir compte parmi les pièces à recueillir pour établir la statistique industrielle de la France au moyen âge. Nous avons été des premiers à l'utiliser et à montrer ses liens avec la première association commerciale de la cité : *la Gilda mercatoria.*

Les *Rapports commerciaux de la ville de Saint-Omer avec l'Angleterre,* qui parurent à la suite de son histoire de Saint-Omer, en 1870, sont une continuation de l'étude précédente, accompagnée de toutes les notes et de toutes les pièces justificatives désirables.

Citons encore deux ordonnances de 1512, touchant le droit de tonlieu recueilli au profit des églises de

Saint-Bertin et de Saint-Omer, dont les textes origi-
naux furent accueillis par la *Revue des Sociétés savantes* en 1863.

Sur les anciennes corporations de métiers, il avait
recueilli aussi divers documents, tel est le manuscrit
de la *Corporation des poissonniers* analysé en 1866
dans vos Bulletins.

Rues de la ville. — Lors du changement de noms
de la plupart des rues de la ville en 1867, il compléta
les travaux antérieurs de MM. Dufaitelle, Derheims
et Eudes, et reproduisit un curieux plan de la ville
en 1638. Cette édition complétée et enrichie d'excel-
lentes notes est signée : « le Bibliophile artésien. »

Au sujet de l'histoire des institutions, il faut citer
notamment la savante note, accompagnée d'un plan
sur la *banlieue de Saint-Omer,* les *Fiefs et arrière-
fiefs et la chatellenie de Saint-Omer en* 1478 ; et j'ai
hâte d'arriver à sa belle histoire des établissements
hospitaliers.

Elle est intitulée : *Recherches historiques sur les
établissements hospitaliers de la ville de Saint-Omer,
depuis leur origine jusqu'à leur réunion en une seule
et même administration en l'an V, (1797)*, et fut éditée
à vos frais. L'auteur a retracé toute l'histoire des hos-
pices de St-Omer, qui atteignirent le chiffre de onze,
dont neuf d'une sérieuse importance, depuis le xii[e]
siècle jusqu'au xixe. Il ouvre successivement les annales de chacun, et nous fait assister aux donations
généreuses, aux dévouements obscurs et infatiga-
bles, aux conflits entre l'administration municipale
et les autorités religieuses, influences réunies par
l'émulation du bien, mais divisées trop souvent dans
la manière de le comprendre. Il nous montre tout le

bien que faisaient néanmoins ces établissements, et la commune comme les particuliers mettant leur honneur à en seconder et à en augmenter la prospérité. Le consciencieux écrivain a mis au jour avec une grande sûreté de critique et d'ordonnancement des textes, tout ce que recélaient les archives de la ville et de l'administration hospitalière, et il a joint à son histoire cent pages de preuves justificatives.

J'ai gardé pour la fin de cette notice l'*Histoire de la Ville de St-Omer jusqu'en* 1870, que M. Deschamps de Pas a composée pour le Dictionnaire historique du département. L'inconvénient de ce genre de publication est d'être trop hâtif, l'auteur doit être prêt pour une date déterminée, et il ne peut mettre à son œuvre tous les soins que le temps lui aurait permis d'y apporter. Le Président de la Commission des Antiquités départementales, qui souhaitait de voir ce dictionnaire entier s'achever en 1878, disait lui-même le 25 août 1876. « Si l'œuvre est imparfaite sous plusieurs rap- » ports, elle sera utile, facile d'ailleurs à perfection- » ner ensuite, car tout semble annoncer qu'elle aura » plus d'une édition. » Un certain nombre de noti- ces ont échappé à cet inconvénient, l'histoire de St- Omer n'en est pas exempte. L'auteur constate d'ail- leurs dans un avant-propos, qu'il n'a pu faire qu'un travail de seconde main, du moins pour la plupart des chapitres. Le laborieux correspondant de l'Insti- tut n'a pas eu le temps en effet de contrôler les as- sertions de ses devanciers, et de fouiller les archives municipales, de sorte qu'il n'a pu refaire l'histoire avec les citations, les notes, l'indication des sources qu'on exige aujourd'hui des écrivains. Néanmoins cet ouvrage se lit avec intérêt et il est bien composé, peut-être même n'a-t-il pas été suffisamment apprécié. Nul plus que M. Deschamps de Pas n'était mieux préparé pour en écrire certaines parties, et dans la seconde notamment, il a résumé tous ses travaux antérieurs sur l'histoire religieuse de la cité, ses établissements, ses monuments ; et il aurait pu, s'il eût voulu, renvoyer au bas de chacune des pages, à toutes ses brochures et à tous ses travaux que nous avons analysés, et à ceux que la longueur de cette notice nous a forcés d'omettre. Cette partie de l'histoire de la ville nous semble définitivement écrite, sauf les détails qui pourront plus tard la compléter, et qui n'étaient pas dans le cadre d'un livre de ce genre.

III

J'ai cherché à analyser les études variées du savant, à vous représenter le numismatiste patient investigateur, l'archéologue convaincu, l'historien érudit. Peut-être a-t-il manqué à M. Deschamps de Pas une certaine science de mise en œuvre et de composition, un certain talent d'écrivain, qui eussent donné plus d'éclat à ceux de ses ouvrages qui ne sont pas de la science pure, et qui eussent rendu plus populaires les œuvres d'un homme qui a tant écrit sur Saint-Omer. Mais, dans le domaine où il a acquis sa réputation incontestée, le principal mérite consiste dans une description précise, qui prête peu aux grâces littéraires, et c'est surtout par les travaux de numismatique et de sigillographie que se perpétuera le nom de M. Deschamps de Pas.

Vous savez les services que notre regretté collègue

à rendus à notre Compagnie, surtout depuis qu'il en était devenu, en 1873, le secrétaire général. A ces fonctions, il a apporté l'intelligence, l'ordre et le dévouement sans ostentation. Son assiduité était telle qu'une seule fois, lors de la mort de la compagne de sa vie, je dus le remplacer à l'une de vos séances. Il a soutenu la Société par ses nombreuses notices, et en a étendu le bon renom au dehors, tant par ses relations que par l'estime dont il était entouré lui-même dans le monde savant ; il a excité le zèle de vos correspondants, et il a été le promoteur du plus beau de nos travaux : *le Cartulaire de Saint-Bertin* [1], que l'appui du Ministre de l'Instruction publique vous permettra d'achever. Votre Société gardera de lui un précieux souvenir. Que de fois, dans nos discussions amicales, nos yeux le chercheront à sa place accoutumée, pour faire appel à son savoir et à sa compétence ! Que de fois, moi-même, à qui vous avez imposé la lourde tâche de lui succéder, je regretterai la précieuse assistance que ses affectueux conseils et sa vieille expérience me donnaient sans réserve ! Les controverses de la science l'intéressaient, mais il entendait rester dans son domaine réservé et serein ; il n'aimait ni la discussion, ni la lutte, et s'il savait voir dans l'examen du passé un enseignement pour la génération présente [2], il se gardait d'allusions trop précises au temps actuel, qui eussent justifié de malignes interprétations de ses travaux ; il n'écrivait point pour briller, mais pour instruire. Aussi n'avait-

---

[1] Il avait signalé deux fois déjà au *Comité des travaux historiques* l'importance de ce vaste recueil *(Bulletin du Comité de la langue de l'histoire, section d'histoire,* 19 mai 1856 ; et *Revue des Sociétés savantes,* 1863, 3ᵐᵉ série, t. I, p. 290).

[2] Introduction aux *Recherches sur les établissements hospitaliers.*

il ni ennemis ni jaloux, et sans distinction d'opinion ni de parti, chacun avait recours à ses lumières, et s'inclinait avec respect devant sa haute compétence. Sa modestie était excessive et m'a plusieurs fois embarrassé pour retrouver les distinctions dont il avait été l'objet et qui étaient venues le trouver sans qu'il les eût sollicitées, car il ne recherchait pas la publicité.

Il a aimé passionnément son pays natal, Saint-Omer, ses monuments et ses vieux souvenirs ; ses ouvrages l'attestent. A ce titre, il sera regretté profondément dans notre cité, d'autant plus qu'il ne s'intéressait pas seulement à ses travaux de savant ; le musée, les archives, la bibliothèque publique, l'administration du lycée, la société d'agriculture, la caisse d'épargne, le conseil d'hygiène publique et de salubrité de l'arrondissement, la plupart des associations religieuses et charitables de notre ville, les sociétés musicales, furent témoins de son incessante activité. C'était un bon citoyen qui ne se déroba point aux devoirs qui s'imposent, en quelque sorte, à notre époque, à tous ceux qui jouissent d'une certaine influence.

Vous parlerai-je de l'homme privé? Ceux qui l'ont approché de près savent seuls ce qu'il y avait de solidité et de délicatesse dans cet esprit qui se livrait peu. Ce n'est que dans l'intimité de son cabinet qu'il pouvait vaincre cette espèce de timidité, dont il ne savait pas se défaire dans des réunions plus nombreuses, et qui tenait peut-être aussi à ce que ses études, celles de sa jeunesse, comme celles qui suivirent, ne l'avaient aucunement préparé au développement de la pensée par la parole.

Son amitié pour son frère qui fut si souvent son collaborateur, la pratique du travail et du devoir qu'il a su inculquer à ses deux fils, la dignité de sa vie, l'affection de sa famille et de ses amis, prouvent assez qu'il était vraiment un homme de bien.

Il était aussi profondément religieux. Atteint depuis quelques années du mal qu'il savait devoir l'emporter subitement, il attendait sa fin avec le calme, la sérénité et les espérances infinies du chrétien, il était prêt, et s'il eut un regret suprême, ce fut de ne pouvoir réunir, au dernier moment, auprès de sa couche consolée et bénie, ses deux fils dont il avait été le modèle, pour leur donner sa dernière bénédiction et ses derniers conseils ; un seul, celui qui depuis deux ans, avait interrompu ses études du doctorat en droit pour venir soigner son père, a reçu son dernier soupir, la consolation de revoir l'autre avant d'expirer ne lui a pas été accordée.

TITRES SCIENTIFIQUES
de M. Louis DESCHAMPS de PAS

19 février 1839	Associé correspondant national des Antiquaires de France.
13 janvier 1847	Membre titulaire non résidant de la Société des Antiquaires de Picardie.
4 juillet 1848	Correspondant du Ministère de l'Instruction publique pour les travaux historiques.
24 octobre 1850	Membre de la Commission départementale des Monuments historiques.
31 octobre 1852	Correspondant de la Société dunkerquoise.
4 mars 1853	Correspondant de l'Académie d'Arras.
6 juillet 1853	Correspondant de l'Académie espagnole d'archéologie à Madrid.
17 février 1855	Correspondant de la Société des sciences et arts de Lille.
28 mars 1855	Membre honoraire de l'Institut héraldique et archéologique d'Edimbourg.
26 juillet 1860	Membre du Comité flamand.
26 juin 1862	Membre correspondant de l'Académie des sciences, arts et belles-lettres de Savoie.
1865	Membre correspondant de la Société française de numismatique.
1er juillet 1866	Membre honoraire de la Société royale de numismatique belge (Associé depuis le 14 janvier 1857).
2 avril 1869	Officier d'Académie.
8 avril 1871	Membre correspondant de l'Institut (Académie des Inscriptions et Belles-Lettres).
6 décembre 1873	Secrétaire général de la Société des Antiquaires de la Morinie.
8 avril 1874	Officier de l'Instruction publique.
31 mai 1884	Membre non résidant du Comité des travaux historiques et scientifiques.
1886	Inspecteur divisionnaire (1re division : Nord, Pas-de-Calais, Somme) de la Société française d'archéologie.

Indications bibliographiques sur les ouvrages de M. L. DESCHAMPS DE PAS

I

Numismatique, Sigillographie, Epigraphie.

REVUE DE NUMISMATIQUE FRANÇAISE.

Essai sur l'histoire monétaire de Boulogne-sur-Mer, 1838, p. 19.

Note sur une monnaie inédite d'un comte de Boulogne, 1838, p. 120.

Quelques monnaies des empereurs de la race carlovingienne frappées en Italie, 1839, p. 271.

Note sur deux monnaies inédites se rattachant à l'histoire de Boulogne-sur-Mer, Etienne, (roi d'Angleterre, comte de Boulogne,) 1839, p. 284.

Observations sur les monnaies de Hainaut au nom de Guillaume, et description de quelques pièces inédites du Hainaut, 1840, p. 441.

Note sur quelques monnaies inédites de Cambrai, 1843, p. 286.

Denier inédit de Renaud de Dammartin, comte de Boulogne, 1857, nouvelle série, t. II, pp. 446-450.

Note sur les monnaies de Boulogne au nom d'Eustache, 1859, nouvelle série, t. IV, pp. 39-48.

Singularité numismatique, un écu au soleil de Louis XIII, frappé à Arras, 1859, nouvelle série, t. IV, pp. 450-452. 1 planche.

Essai sur l'histoire monétaire des comtes de Flandre de la maison de Bourgogne et description de leurs monnaies d'or et d'argent, 1861, id., t. VI, pp. 106, 211, 458, — 1862, t. VII, pp. 117, 351, 460, pl. VI à VIII, X, XI, XX, XXI, IV, XIII, XVIII.

Supplément au travail précédent, 1866, id., t. XI, pp. 172-219, pl. VIII, IX, 24 dessins.

Autre supplément, id., t. XI, p. 172.

Note sur quelques poids monétaires, 1863, id., t. VIII, pp. 270-287, pl. XIV et XV.

Cont, efaçon des monnaies de Charles VI par Jean-sans-Peur, duc de Bourgogne, comte de Flandre, 1867, id., t. XII, pp. 246-250.

Essai sur l'histoire monétaire des comtes de Flandre de la maison d'Autriche, et classement de leurs monnaies (1482-1556), 1869, id., t. XIV, pp. 86, 243, 319, 419, pl. XIV à XVIII, et t. XV, pp. 80 et 151, pl. III, IV, VI, VII, VIII.

Documents monétaires relatifs aux seigneurs de Nesles, 1869-1870, id., t. XIV, pp. 138-142.

Quelques observations sur les premières monnaies des comtes de Flandre à propos d'une monnaie inédite de Lens, 1883, 3me série, t. I, pp. 170-185.

Note sur un type inconnu des monnaies de Marie de Bourgogne, comtesse de Flandre, 1884, id., t. II, p. 440.

Étude sur les monnaies de Boulogne, 1885, id., t. III, p. 284, 2 pl. 18 dessins.

Quelques observations sur les monnaies de Fauquembergues, 1887, id., t. V, p. 43.

REVUE DE LA NUMISMATIQUE BELGE.

Quelques médailles relatives à l'histoire des Pays-Bas, 3me série, t. Ier, 1857, pp. 227-238, 2 planches XV et XVI.

Instruction de Philippe-le-Bon pour la fabrication des monnaies à Amiens et à Saint-Quentin, 3me série, t. IV, 1861, pp. 166-173.

Notice sur les jetons d'Artois, 4me série, t. I, 1863, pp. 1 à 43, 9 pl., I à IX.

Supplément à cette notice, 4me série, t. VI, 1868, pp. 305 à 318, pl. XIII à XV.

Quelques méreaux et plombs de marque relatifs à l'Artois, 4me série, t. VI, 1867, pp. 114-131, pl. II et III.

Notice descriptive des méreaux trouvés à Thérouanne et que l'on peut attribuer à cette ville, 5me série, t. III, 1871, pp. 257-313, pl. A à H, pp. 377 à 417, pl. I à II. — 5me série, t. IV, 1872, pp. 37 à 65, pl. R à U.

Notice sur Adolphe Dewismes, 5me série, t. V, 1873, pp. 419-422.

Essai sur l'histoire monétaire des comtes de Flandre de la maison

d'Autriche (Charles-Quint), 1876, t. XXXII, pp. 49-115, pl. 1
à XXVIII [1].

*Supplément à l'essai sur l'histoire monétaire des comtes de Flandre
des maisons de Bourgogne et d'Autriche,* 1877, t. XXXIII,
pp. 238-244, pl. III.

*Les monnaies de Flandre pendant la période des troubles des Pays-
Bas,* 1878, t. XXXIV, pp. 117-233, pl. XII à XVIII.

Étude sur les monnaies de Calais, 1883, t. XXXIX, pp. 175-220,
pl. II, nᵒˢ 1 et 2.

M. Deschamps de Pas a en outre pris soin de la publication de la numismatique gallo-belge, ou *Histoire ..monétaire des
Atrébates, des Morins et des nations gallo-belges en général,* œuvre
posthume de M. Hermant, parue dans la *Revue belge* en 1864
et 1865. Un avertissement, dû à la plume de M. Deschamps
de Pas, se trouve en tête de ce travail, 4ᵐᵉ série, t. II, 1864,
pp. I à IV.

ANNALES ARCHÉOLOGIQUES DE DIDRON.

Sceaux des comtes d'Artois, 1856, t. XVI, pp. 360-371, 2 pl. 12
dessins, 1857, t. XVII, pp. 43 à 51, 2 pl. 14 dessins. — Cet
ouvage a valu à son auteur une meution très honorable au
concours des Antiquités départementales de l'Académie des
Inscriptions et Belles-Lettres en 1858.

MÉLANGES DE NUMISMATIQUE, PARIS.

Note sur un pied-fort de Louis-le-Mâle, 1879, t. I, p. 456.

MÉMOIRES DE LA SOCIÉTÉ DES ANTIQUAIRES DE FRANCE.

*Description de quelques sceaux-matrices relatifs à l'Artois et à la
Picardie,* 1889, 5ᵐᵉ série, t. IX, p. 239.

MÉMOIRES DE LA SOCIÉTÉ DES ANTIQUAIRES DE PICARDIE.

*Essai historique sur les monnaies de Ponthieu, suivi de quelques
mots sur les méreaux de la collégiale de Saint-Vulfrand d'Abbe-
ville,* 1854, t. XIII, p. 191.

MÉMOIRES DE LA SOCIÉTÉ DES ANTIQUAIRES DE LA MORINIE.

Notice sur une monnaie d'argent de Conan IV, duc de Bretagne,
1833, t. I, pp. 138-225.

Appendice sur quelques médailles et plombs relatifs aux corporations

---

[1] C'est la suite du travail paru sous le même titre dans la
Revue numismatique française en 1869.

d'arts et métiers à Saint-Omer, 1879, t. XVII, pp. 677 à 687, 2 pl. — Complément de l'ouvrage sur ces corporations, qui a obtenu une mention honorable au concours des Antiquités départementales en 1881 (Académie des Inscriptions et Belles-Lettres).

BULLETIN DE LA SOCIÉTÉ DES ANTIQUAIRES DE LA MORINIE.

Découvertes de médailles romaines à Salperwick, 1853, t. I, 2ᵐᵉ partie, pp. 111-112.

Note sur un plomb des évêques des innocents, 1855, t. I, 3ᵐᵉ partie, pp. 129-130.

Note sur un sceau découvert dans les environs de Saint-Omer, 1857, t. II, pp. 497-468.

Note sur trois médailles grecques données par M. Levert au musée de Saint-Omer, 1866, t. IV, p. 59.

Note sur une monnaie gallo-belge présentée par M. X. Van Robais, 1872, t. V, pp. 18 à 20, 1 planche 1 dessin.

Note sur deux sceaux-matrices acquis pour le musée de Saint-Omer, 1878, t. VI, pp. 156-158.

Quelques monnaies inédites, 1878, t. VI, pp. 281-297, 1 pl. 8 dess.

Trois pièces inédites concernant Saint Omer, Boulogne et Calais, 1880, t. VI. p. 581.

Note sur une découverte de monnaies d'or, 1881, t. VI, p. 703.

OUVRAGES AUTRES QUE CEUX PARUS DANS LES RECUEILS DES SOCIÉTÉS SAVANTES.

Ouverture de la salle de numismatique du musée de Saint-Omer, 1865. Paru dans le journal : *le Mémorial artésien*.

Catalogue descriptif et raisonné des pièces composant la collection de feu M. Ad. Dewismes, Saint-Omer, Fleury-Lemaire, 1875, 464 pp. 15 planches.

EN COLLABORATION

Avec M. Alexandre Hermant : *Histoire sigillaire de la ville de Saint-Omer*. Didron, 1861, 1 vol. in-4°, x-158 pp. avec 45 planches comprenant 333 sceaux. - Cet ouvrage a obtenu en 1862 la seconde mention très honorable au concours des Antiquités nationales de l'Académie des Inscriptions et Belles-Lettres.

EN COURS D'IMPRESSION.

Epigraphie de Saint-Omer. Fera partie du t. XXII des Mémoires de la Société des Antiquaires de la Morinie (70 pages étaient imprimées au moment de la mort de l'auteur).

II

Archéologie & Histoire.

Siège de Saint-Omer en 1638. Saint-Omer, Chanvin, 1858, in-8°,
III-71 pp. 1 plan. A été publié dans le journal : *l'Indépendant.*

L'église de Saint-Denis à Saint-Omer. Saint-Omer, Guermonprez,
1869, in-12, 35 pp. (Ce travail n'est pas signé.)

*Recherches historiques sur les établissements hospitaliers de la ville
de Saint-Omer depuis leur origine jusqu'à leur réunion sous une
seule et même administration en l'an V (1797).* Saint-Omer,
D'Homont, 1877, in-8°, 494 pp. — Publié sous le patronage
de la Société des Antiquaires de la Morinie.

Rapports commerciaux de la ville de Saint-Omer avec l'Angleterre.
Fait suite aux tirés à part de l'*Histoire de Saint-Omer* publiée
dans le Dictionnaire historique du département, 1880,
pp. 453-490 du tiré à part.

Bulletin des Comités historiques.

§ 1. Comité historique des arts et monuments. Archéologie,
Beaux-Arts.— *Contrat de l'épitaphe de Sidrac de Lallain, doyen de
l'église collégiale de Saint-Omer, fait le XVIII mai 1534,* t. III,
pp. 95-96.

Description de trois croix processionnelles de diverses époques, 1852,
t. IV. pp. 70-73.

§ 2. Comité de la langue de l'histoire et des arts de la France.—
Vente de fiefs à l'abbaye de Saint-Bertin au XIIIme siècle, 1857,
t. IV, pp. 232-239.

Revue des Sociétés savantes.

*Ordonnance touchant le droit de tonlieu recueilli au profit des églises
de Saint-Bertin et de Saint-Omer (1512),* 3me série, 1863, t. I,
pp. 220-224. — Et autre pièce sur le même sujet (1512), id.,
p. 225.

Défense de la ville de Saint-Omer contre les Anglais de 1341 à 1347,
3me série, 1863, t. I, pp. 374-377.

*Vidimus des lettres de Charles, fils du roi de France, du 15 mai 1360,
contenant commission à M. de Raineval pour démolir toutes les
forteresses inutiles au pays,* id., pp. 378-380.

Charte de la comtesse d'Artois au sujet de la construction de la porte d'entrée de l'abbaye de Saint-Bertin, du 5 août 1329, 4ᵐᵉ série, 1869, t. IX, p. 82.

Un atelier de l'âge de pierre dans le Pas-de-Calais (au Blanc-Nez), 4ᵐᵉ série, 1874, t. VIII, pp. 110-111.

En outre, on trouve de nombreuses communications : 2ᵐᵉ série (1859 à 1862) t. II, pp. 134, 179 ; t. VI, pp. 147, 481. — 3ᵐᵉ série (1863 à 1864) t. I, pp. 220, 289, 290, 387. — 4ᵐᵉ série (1865 à 1869) t. VII, p. 231, 237 ; t. VIII, pp. 2, 100, 223, 234 ; t. IX, pp. 60, 80, 107, 375 ; t. X, p. 477. — 5ᵐᵉ série (1870 à 1874) t. VII, p. 26 ; t. VIII, p. 106. — 6ᵐᵉ série (1875 à 1878) t. I, pp. 19, 31. — 7ᵐᵉ série (1879 à 1881) t. V, p. 1 ; t. VI, p. 408.

Bulletin archéologique du Comité des travaux historiques et archéologiques.

Inventaire des ornements, reliquaires, etc., de l'église collégiale de Saint-Omer en 1557, 1886, n° 1, pp. 78-98.

Marché pour la construction de l'horloge de l'église collégiale de Saint-Omer, 1887, n° 3, pp. 426-429.

Mémoires de la Société des Antiquaires de France.

Notice sur quelques monuments de l'ancienne province de Bretagne, nouvelle série, t. XX, 1850, pp. 147-164.

Annales archéologiques de Didron.

Essai sur le pavage des églises antérieurement au XVᵐᵉ siècle, 1850, 1851 et 1852, t. X, pp. 233-241, 2 pl. ; t. XI, pp. 16-23, 65-71, 2 pl. ; t. XII, pp. 137-152, 1 pl.

Orfèvrerie des XIIᵐᵉ et XIIIᵐᵉ siècles. Monstrance de Saint-Omer, 1854, t. XIV. pp. 121-123, 1 pl.

Orfèvrerie du XIIIᵐᵉ siècle. Croix de Clairmarais, 1854, t. XIV, pp. 285-293, 1 pl.

Dalles gravées et incrustées, 1855, t. XV, p. 129.

Drame liturgique, 1857, t. XVII, pp. 164-169.

Orfèvrerie religieuse. Pied de croix de Saint-Bertin, 1858, t. XVIII, pp. 5-17, 1 pl.

Une vierge du XIIIᵐᵉ siècle. Notre-Dame des Miracles à Saint-Omer, 1858, t. XVIII, pp. 257 264, 1 pl.

Marchié d'une verrière pour la maîtresse verrière du chœur de l'église de Saint-Pierre de Lille, 1864, t. XXIV, pp. 253-354.

Revue de l'Art chrétien.

Cérémonies funèbres célébrées à Bruxelles en l'honneur de Jeanne de Castille en l'année 1555, 1866, signé : le Bibliophile artésien.

STATISTIQUE MONUMENTALE DU PAS-DE-CALAIS.

L'ancien Hôtel-de-Ville de Saint-Omer, 1850, t. I, 7 pp. 1 pl.

Les églises des Jésuites à Saint-Omer et à Aire-sur-la-Lys, 1873, t. II, 18 pp. 3 pl.

Le Bailliage d'Aire-sur-la-Lys, 1873, t. II, 4 pp. 1 pl.

COMMISSION DES ANTIQUITÉS DÉPARTEMENTALES DU PAS-DE-CALAIS.

§ 1. Bulletin. — *Sépultures découvertes à Wizernes,* 1869, t. III, p. 56.

Note sur les découvertes récentes faites à Andres, 1873, t. III, p. 182.

Quelques souvenirs de l'abbaye d'Andres, 1875, t. V, p. 56.

§ 2. Dictionnaire historique du département. — *Histoire de la ville de Saint-Omer depuis son origine jusqu'en 1870.* Arras, Sueur, 1880, in-8° de 493 pp. — Cette histoire a été écrite pour le Dictionnaire historique du dép¹ du Pas-de-Calais, et fait partie de cette publication. Il en a été fait un tiré à part de 50 exemplaires.

Canton nord de Saint-Omer, pp. 1 à 47. — *Id. Sud,* pp. 49 à 107, t. III du Dict^re historique du départ¹.

MÉMOIRES DE LA SOCIÉTÉ DES ANTIQUAIRES DS LA MORINIE.

Essai historique sur l'Hôtel-de-Ville de Saint-Omer, 1837, t. IV, pp. 281-377, 5 planches.

Notice sur un manuscrit de la bibliothèque de Saint-Omer n° 764, 1839, t. V, pp. 173-208, planches hors texte.

Notice sur l'église paroissiale de Saint-Denis à Saint-Omer, 1840, t. VI, pp. 217-249.

Rapport sur une découverte d'objets gaulois et gallo-romains dans les jardins du faubourg de Lyzel, près Saint-Omer, 1849, t. VIII, pp. 401-417.

Notice sur un traité relatif à la peinture au moyen âge, par Pierre de Saint-Omer, inséré dans le ms n° 6741 de la Bibliothèque nationale, 1851, t. IX, pp. 1-32.

Essai sur l'art des constructions à Saint-Omer à la fin du XVme et au commencement du XVIme siècle, 1851, t. IX, pp. 159-193, 1 pl.

Attaque de la ville de Saint-Omer par la porte Sainte-Croix en 1594, 1858, t. X, pp. 117-136.

Notice biographique sur Alexandre Hermand, 1858, t. X, pp. 1-20, pagination spéciale.

Notice descriptive des limites de la banlieue de Saint-Omer, 1872, t. XIV, pp. 199-243, 1 plan.

Introduction à l'ouvrage : Saint-Omer assiégé et délivré l'an 1638, de Jules Chifflet, traduit par Louis Moland, 1874, t. XIV, pp. 303-309.

Introduction à la correspondance du maréchal de Chatillon, commandant l'armée française au siège de Saint-Omer en 1638, 1874, t. XIV, pp. 529-533.

Éloge funèbre de M. Henri de Laplane, 1873, t. XV, pp. 1-20.

Notice biographique sur M. Albert Legrand, 1885, t. XIX, pp. 43-59.

Les cérémonies religieuses dans la collégiale de Saint-Omer au XIIIme siècle, 1887, t. XX, pp. 97-211, 4 pl.

Bulletin de la Société des Antiquaires de la Morinie.

Cul de lampe du couvent de Notre-Dame du Soleil, 1852, t. I, pp. 32-33.

Note sur de récentes acquisitions du musée de Saint-Omer, 1852, t. I, pp. 65-66.

Translation à Saint-Omer du portail de la cathédrale de Thérouanne, 1852, t. I, pp. 117-126.

Note sur les vitraux peints de l'église cathédrale de Saint-Omer, 1852, t. I, 2me partie, pp. 24-31.

Fonds baptismaux de Samer, 1853, t. I, 2me partie, p. 110.

Le petit clocher sur la croisée de la nef et des transsepts de la cathédrale de Saint-Omer, 1853, t. I, 2me partie, pp. 130-134.

Note sur un manuscrit relatif à la confrérie de Notre-Dame des Miracles, 1854, t. I, 2me partie, pp. 169-474.

Note sur un manuscrit relatif à la hanse de Saint-Omer, 1855, t. I, 3me partie, pp. 49-60.

Pièces historiques extraites du manuscrit 52 de la bibliothèque de Lille, 1855, t. I, 3me partie, 122-128.

Inventaire de l'argenterie qui se trouvait dans les églises de Saint-Omer en 1792, 1855, t. I, 3me partie, pp. 183-195.

Note sur un manuscrit relatif à l'abbaye de Watten, 1856, t. II, pp. 307-317.

Les obsèques de Jehan de Saint-Omer, s[r] de Morbecque, gouverneur d'Aire, 1856, t. II, pp. 405-409.

Note sur l'église de Morbecque, 1856, t. II, pp. 410-411.

Entrée de Philippe d'Espagne à Saint-Omer le 31 juillet 1519 et cérémonies qui s'ensuivirent, 1858, t. II, pp. 605-610.

Cession de la prévôté de Watten à Gérard d'Haméricourt par le dernier prévôt, 1859, t. II, pp. 757-761.

Cession du monastère de Watten aux Jésuites anglais en 1608, 1859, t. II, pp. 762-765.

Fondation de la maison du Bon-Pasteur, 1859, t. II, pp. 810-812.

Fondation de l'hôpital des Apôtres, 1860, t. II, pp. 1068-1084.

Décadence de la manufacture des draps à Saint-Omer au commencement du XVIIme siècle et moyens proposés pour y remédier, 1862, t. III, pp. 98-104.

Les fiefs et arrière-fiefs de la châtellenie de Saint-Omer qui doivent le service militaire au duc de Bourgogme en 1474, 1862, t. III, pp. 166-182.

Engagement des trois états de la ville de Saint-Omer d'observer les stipulations du traité de paix d'Arras en 1482, 1865, t. III, pp. 439-451.

Une charte concernant le droit d'arsin exercée par la ville de Saint-Omer en 1321, 1865, t. III, pp. 466-470.

Note sur un manuscrit provenant de la corporation des poissonniers de Saint-Omer, 1866, t. IV, pp. 28-40.

Note sur quelques chartes concernant l'hôpital d'Aire-sur-la-Lys, 1867, t. IV, pp. 135-157.

Charte concernant la confrérie des sayetteurs d'Arras en 1500, 1869, t. IV, pp. 342-346.

Notes sur des découvertes récentes faites à Andres, 1871, t. IV, pp. 476-482.

Note sur un manuscrit provenant du couvent de Sainte-Catherine à Saint-Omer, 1872, t. IV, pp. 633-647.

Siège de Bapaume en 1543, 1872, t. V, pp. 110-118.

Inscriptions récemment découvertes à la cathédrale, 1875, t. V, pp. 383-386.

Appendice à une note ou étude sur les cloches de M. l'abbé Robert, 1875, t. V, pp. 401-403.

Inscription de la famille d'Averhoult encastrée dans le pavé de l'église de Saint-Denis, 1875, t. V, pp. 476-479.

Extrait du manuscrit n° 799 de la bibliothèque de Saint-Omer, 1876, t. V, pp. 561-570 et 585-603.

Indication des localités comprises dans l'étendue du bailliage de St-Omer au commencement du XVIIIme siècle, 1877, t. VI, pp. 23-32.

*Enterrement de M*ᵍʳ *Jean de Vernois, évêque de Saint-Omer (1559),* 1877, t. VI, p. v. pp. 43-44.

*Note sur un traité ms. du blason, par Jean Fauchet de Saint-Omer, XV*ᵐᵉ *siècle,* 1877, t. VI, p. 121.

Cruche ou pot à bière en faïence de la fabrique d'Aire portant la marque de jauge de Saint-Omer, 1877, t. VI, p. 121.

Note sur deux plans de Thérouanne découverts aux archives départementales, 1878, t. VI, pp. 154-156.

*Don accordé aux PP. Jésuites de Saint-Omer par le Magistrat de cette ville pour la présentation des 1*ᵉʳ *et 2*ᵐˢ *volumes de l'ouvrage de Morinis, du P. Malbrancq,* 1878, t. VI, p. 165.

*Le pape Urbain V concède à Jean V d'Ypres, 58*ᵐᵉ *abbé de Saint-Bertin, le droit de se servir d'un autel portatif (1366),* 1878, t. VI, pp. 259-260.

Une planche gravée représentant sainte Berthe, fondatrice de l'abbaye de Blangy (1723), 1879, t. VI, pp. 407-410.

L'enceinte fortifiée de Saint-Omer d'après un document de 1344, 1880, t. VI, pp. 501-511.

Note sur le lieu de naissance de Suger, 1881, t. VII, p. 15.

La porte Sainte-Croix à Saint-Omer, 1882, t. VII, pp. 23-29.

Attaque de Saint-Omer par les Français en 1594. Extraits du Diarium des Jésuites wallons de Saint-Omer, 1882, t. VII, pp. 59-63.

Réception faite par les chanoines de Saint-Omer aux chanoines de Thérouanne après la chute de cette ville (1554), 1882, t. VII, pp. 91-96.

Le missel d'Odoard de Bersaques, 1883, t. VII, pp. 240-252.

Une rectification à la notice de l'église des Jésuites, 1883, t. VII, pp. 290-291.

*Le trespas du bon duc Philippes de Bourgogne en sa ville de Bruges le XV*ᵐˢ *jour de juillet anno mil quatre cens LVII,* 1884, t. VII, pp. 320-324.

Le reliquaire du chef de saint Omer dans l'église collégiale de ce nom, aujourd'hui église Notre-Dame à Saint-Omer, 1884, t. VII, pp. 377-386.

Titre de fondation de la chapelle de Rihoult, 1884, t. VII, pp. 391-392.

Troubles excités à Saint-Omer par les patriots en 1578, 1884, t. VII, pp. 416-424.

Note sur l'envoi à la monnaie de Lille, en 1690, de pièces d'argen-

terie provenant de la cathédrale et de la chapelle de Notre-Dame
  des Miracles, 1885, t. VII, pp. 529-534.

Louis XV à Saint-Omer, sa réception à la cathédrale, 1885, t. VII,
  p. 565.

Cession du collège des Bons Enfants à Saint-Omer, 1886, t. VII,
  pp. 657-660.

Le bréviaire de Saint-Omer. Adoption en 1747 du bréviaire parisien,
  1886, t. VII, pp. 686-692.

Pendeloque de collier en or trouvée à Witternesse, appartenant au
  musée de Saint-Omer, 1886, t. VIII, p. 5.

Projet de reconstruction sur la grande place de la chapelle de Notre-
  Dame des Miracles en 1785, 1887, t. VIII, pp. 50-51.

La pierre tombale de la dame de Matringhem dans l'église Notre-
  Dame à Saint-Omer, 1887, t. VIII, pp. 68-72.

Note sur ce qui s'est passé à la mort de Mᵍʳ Joseph-Alphonse de
  Valbelle, 1887, t. VIII, pp. 111-115.

Le monument funéraire d'Oudart de Bersaques, dernier prévôt de
  l'église collégiale de Saint-Omer, 1888, t. VIII, pp. 166-176.

Un tarif des frais de justice dans une des seigneuries du chapitre
  de Saint-Omer, 1888, t. VIII, pp. 180-182.

Dépenses faites pour le service célébré dans la cathédrale de Saint-
  Omer à l'occasion de la mort de Louis XIV, 1888, t. VIII,
  pp. 183-184.

Ordonnance du Magistrat de Saint-Omer de l'année 1346 prescri-
  vant les précautions à prendre dans le cas de l'approche des ar-
  mées ennemies, 1888, t. VIII, pp. 243-251.

Une discussion entre les armoiers et les autres métiers travaillant le
  fer à Saint-Omer, 1888, t. VIII, pp. 252-256.

Note sur un reliquaire conservé dans l'église de Cormettes, 1889,
  t. VIII, pp. 453-455.

MÉMOIRES DE L'ACADÉMIE D'ARRAS.

Enquête industrielle sur l'état de la manufacture de draps dans les
  Pays-Bas au commencement du XVIIᵐᵉ siècle, 1863, t. XXXV,
  pp. 303-329.

ANNALES DU COMITÉ FLAMAND.

Ce que c'était qu'un overdrach. Note sur ces sortes d'ouvrages éta-
  blis sur divers canaux de la Flandre, notamment à Wattendam,
  1862, t. VI, pp. 210-222, 1 planche.

Ouvrage publié en collaboration

Avec M. de Linas : *Tour et église Saint-Denis à Saint-Omer*. (Statistique monumentale du Pas-de-Calais,) 1850, t. I, 4 p. 1 pl.

III

Ouvrages publiés sous le pseudonyme
« *le Bibliophile Artésien*[1]. »

Le crapaud et le lézard de l'abbaye de Saint-Bertin à Saint-Omer, 1860, Guermonprez, à Saint-Omer, in-8°, 8 p.

Les processions à Saint-Omer avant 1770, 1864, Guermonprez, in-8°, 16 p.

Recherches étymologiques, ethnographiques et historiques sur la ville de Saint-Omer, par M. Eudes, revues, augmentées et annotées par le Bibliophile Artésien, 1867, Guermonprez, in-12, avec un plan de 1630.

L'abbaye de Saint-Bertin à Saint-Omer, 1868, Guermonprez, in-12, 42 p.

La chanson de Gilles Dindin, 1871, Guermonprez, in-12, 82 p.

La Révolution à Saint-Omer. Souvenirs de mon grand'père. Lance, à Saint-Omer, 1873, in-8°, 180 p. — Publié dans le journal : *l'Indépendant*.

Église Notre-Dame, 1879, in-8. D'Homont, à Saint-Omer, in-8, 32 p.

Un mot sur Papa lolo. — Paru dans le journal : *l'Indépendant*.

IV

Articles non signés parus dans les journaux de Saint-Omer, pouvant être attribués à M. L. Deschamps de Pas.

Mémorial Artésien.

Catalogue des objets provenant de la collection Campana accordé au musée de la ville de Saint-Omer, 1862.

[1] Voir ci-dessus : *Revue de l'Art chrétien.*

L'Indépendant.

A propos des travaux de la cathédrale.
Les verrières de la cathédrale de Saint-Omer.
Le rituel de l'église Saint-Jean.
Etc.

V

Autres ouvrages publiés par M. L. Deschamps de Pas.

Canal de Nantes à Brest. Point de partage de Glomel. Note sur les travaux de consolidation des talus de la tranchée de Glomel, 1843. (Annales des Ponts-et-Chaussées, 1843.)
Rapport de l'ingénieur ordinaire sur les diverses questions concernant le dessèchement du bassin de la 7me section des wateringues et sa position relativement à la navigation, 1868, Guermonprez, à Saint-Omer, in-12, 46 p. 2 tableaux.

Saint-Omer, Imp. H. D'HOMONT.